国家社会科学基金高校思想政治理论课研究专项“十八大以来学校思政课教师队伍建设理论与实践研究”（批准号：20VSZ074）成果

陈昌兴 著

新时代

思政课教师队伍建设的理论与实践研究

知识产权出版社
全国百佳图书出版单位
—北京—

图书在版编目（CIP）数据

新时代思政课教师队伍建设的理论与实践研究 / 陈昌兴著 . — 北京 : 知识产权出版社,
2025. 6. — ISBN 978-7-5245-0008-7

Ⅰ. G641

中国国家版本馆 CIP 数据核字第 2025LR8992 号

内容提要

本书通过厘清思政课教师队伍的建设主体,阐述建设的意义和主要内容,回顾建设历程,回答新时代思政课教师队伍由谁来建、建设意义何在、建设什么、发展历程如何等基本问题。在此基础上,探寻新时代思政课教师队伍建设的理论依据,分析机遇与趋势,阐述新时代思政课教师队伍角色新发展和建设新要求,以全面展现新时代思政课教师队伍建设的理论根基、时代背景和现实要求。接着,分析新时代思政课教师队伍建设状况和影响因素,探讨新时代思政课教师队伍建设的逻辑理路与机制建构。最后,提出新时代思政课教师队伍建设理应坚持的基本要求,探寻新时代思政课教师队伍建设的具体路径,并给出实践范例,以明晰新时代思政课教师队伍建设的实践策略。

本书适合思政课教师、思政课教师队伍建设相关领域的研究人员与决策人员,以及对思政课教师队伍建设领域有兴趣的人士研读。

责任编辑: 王 辉　　　　**责任印制:** 孙婷婷

新时代思政课教师队伍建设的理论与实践研究

XINSHIDAI SIZHENGKE JIAOSHI DUIWU JIANSHE DE LILUN YU SHIJIAN YANJIU

陈昌兴　著

出版发行:	知识产权出版社有限责任公司	**网　　址:**	http:// www. ipph. cn
电　　话:	010－82004826		http:// www. laichushu. com
社　　址:	北京市海淀区气象路50号院	**邮　　编:**	100081
责编电话:	010－82000860转8381	**责编邮箱:**	laichushu@cnipr.com
发行电话:	010－82000860转8101	**发行传真:**	010－82000893
印　　刷:	北京中献拓方科技发展有限公司	**经　　销:**	新华书店、各大网上书店及相关专业书店
开　　本:	720mm×1000mm　1/16	**印　　张:**	12
版　　次:	2025年6月第1版	**印　　次:**	2025年6月第1次印刷
字　　数:	200千字	**定　　价:**	72.00元

ISBN 978-7-5245-0008-7

序

习近平总书记强调:“办好思想政治理论课关键在教师,关键在发挥教师的积极性、主动性、创造性。”思政课教师是承担学校思政课教育教学和研究职责的专兼职教师。加强思政课教师队伍建设,是思政课教师更好守牢意识形态主阵地、承担铸魂育人使命的要求;同时,这也是提升思政课育人实效,引导学生树立正确世界观、人生观、价值观,坚定学生对马克思主义的信仰,强化他们对社会主义和共产主义的信念,并增强其对“四个自信”自觉认同的要求。

《新时代思政课教师队伍建设的理论与实践研究》是陈昌兴主持的国家社科基金高校思想政治理论课研究专项“十八大以来学校思政课教师队伍建设理论与实践研究”(批准号:20VSZ074)的最终成果。在该著即将付梓之际,本人欣然应邀作序。

《新时代思政课教师队伍建设的理论与实践研究》一书,按照“是什么”“为什么”“怎么样”“怎么做”的逻辑框架展开论述。首先,该书深入论述了思政课教师队伍建设的主体、意义和主要内容,对思政课教师队伍建设的发展历程做了回顾,回答了思政课教师队伍建设意义何在、由谁来建、建设什么、发展历程如何等基本问题,使人们对思政课教师队伍建设能有更深入、全面的了解。其次,通过分析理论依据以及新时代思政课教师队伍建设的机遇和发展趋势等,回答新时代“为什么”要加强思政课教师队伍建设这一问题。再者,专著通过分析建设现状、现实困境和影响因素,研究了思政课教师队伍建得“怎么样”这一问题。最后,作者通过探讨具体实践路径和实施范例等方式展示了思政课教师队伍建设应该“怎么做”。

《新时代思政课教师队伍建设的理论与实践研究》一书有不少理论特色与亮点,兼具理论的深度、实践的力度、历史的厚度和现实的温度,体现了理论逻辑、实践逻辑、历史逻辑和现实逻辑的有机融合。从理论层面看,通过系统的理论研究，构建起思政课教师队伍建设的基本理论框架。特别是理论依据部分，该书从追溯马克思主义经典作家及中国领导人的相关论述，到梳理中国传统教育思想，再到运用多学科视角剖析思政课教师队伍建设，不仅厘清了思政课教师队伍建设的思想渊源，更赋予其深厚的文化底蕴与学科支撑，展现出了作者开阔的学术视野；从实践层面看，探讨实践策略，展示实践范例，体现出了实践层面的细致观照，具有强烈的实践价值；从历史层面看，该书对改革开放以来思政课教师队伍建设的历程进行了回顾。作者收集整理资料、提炼观点、总结经验，以努力提炼出适应新时代需求的建设智慧，从而为当下思政课教师队伍建设提供镜鉴；从现实层面看，该书紧扣新时代脉搏，分析思政课教师队伍建设的新时代机遇，把握新时代发展的新趋势，呈现建设成就，剖析了现实困境和影响因素。简言之，纵观全书，作者通过理论与实践、“历时性”梳理与“共时性”分析相结合，以及传统与现代的有效对接，使本研究既彰显了理论价值，又回应和满足了新时代思政课教师队伍建设的实践需要。

《新时代思政课教师队伍建设的理论与实践研究》是陈昌兴深耕细作多年的学术成果，也是他出版的第三部学术专著。他从本科阶段便从事思想政治教育（师范）专业学习，在此后的硕士、博士和博士后期间也一直从事思想政治教育专业或方向的研究。博士毕业后，他仍笔耕不辍、刻苦钻研，围绕思想政治教育理论前沿问题开展系统研究，成果颇丰。在思政课教学实践中，他积极探索“菜单式”组合教学，以“菜单”为核心，整合多元教学资源，创新教学手段，来实现校内外思政课教师队伍的优势互补和优化整合，并取得了良好的实践效果。书中关于大中小学思政课教师队伍一体化建设、思政课教师优秀传统文化素养提升等方面的核心观点和主要内容，先后在《中国社会科学报》《中国教育报》等全国性报纸公开发表，有效扩大了相关内容的传播和影响。正因他在这一领域受过系统的学术训练，并经过长期耕耘和不断积累，使他能在《新时代思政课教师队伍建设的理论与实践研究》一书中，既坚守马克思主义的根本立场，对思政课教师队伍建设涉及的基本理论问题进行抽丝剥茧式地剖析，又善于从传统文化与多学科研究成果中汲取养分，展现出开阔的学术视野，还能结合时代和实践要求，对思政课教师队伍建设进行深入研究。

新时代，面对中华民族伟大复兴战略全局和百年未有之大变局，打造一支素质过硬、业务精湛、育人有方、能担重任的思政课教师队伍，既是时代所需，也是实践发展的必然要求。《新时代思政课教师队伍建设的理论与实践研究》一书，聚焦新时代思政课教师队伍建设问题，在深入探讨思政课教师队伍建设基本理论问题的基础上，努力探寻新时代思政课教师队伍建设的破题之策，能为相关领域的研究者和实践者提供不少的参考与启示。

是为序。

李俊奎

2025年5月25日于南京理工大学

目　录

导 论

党的十八大以来，以习近平同志为核心的党中央对思想政治理论课（简称“思政课”）教师队伍建设十分重视。2024年5月，习近平总书记对学校思政课建设作出重要指示：“要着力建设一支政治强、情怀深、思维新、视野广、自律严、人格正的思政课教师队伍。”[1]以马克思主义及其中国化创新理论，特别是以习近平总书记在学校思想政治理论课教师座谈会、全国教育大会和全国高校思想政治工作会议等重要会议上的重要讲话精神为指导，开展新时代思政课教师队伍建设的理论与实践研究，能有力推进新时代思政课教师队伍的高质量发展。

一、研究目标和价值

（一）研究目标

1. 理论创新目标

通过对新时代思政课教师队伍建设的理论基石和学科借鉴、“机”与“势”、现状与影响因素、逻辑理路与机制建构等问题进行深入研究，努力搭建起新时代思政课教师队伍建设的基本理论框架。

2. 实践应用目标

在实践层面，总结与探寻提升新时代思政课教师队伍建设的有效实践模式，给出实践范例，为提升新时代思政课教师铸魂育人能力和动力，更好发挥思政课教师作用，提供可资借鉴的实践范式。

3. 政策服务目标

在理论探讨、现状分析和把握规律的基础上，提出新时代思政课教师队伍建设的有效策略，以更好地为各地区、各部门、各单位深化习近平总书记关于思政课教师队伍建设重要论述的认识，贯彻落实有关精神，提升思政课教师队伍建设

---

[1] 不断开创新时代思政教育新局面努力培养更多让党放心爱国奉献担当复兴重任的时代新人[N]. 人民日报，2024-05-12.

成效，提出可据以操作的政策建议。

（二）研究价值

1. 学术价值

一是丰富理论成果。对新时代思政课教师队伍建设开展研究，通过概括和提炼新进展、新成就，梳理学理依据，多视角解读新时代思政课教师队伍建设的新要求等，能进一步丰富和发展新时代思政课教师队伍建设理论。

二是提供理论支撑。梳理和总结新时代思政课教师队伍建设方面的经验和成果，能极大深化对新时代思政课教师队伍的建设规律和特点的认识，能为做好新时代思政课教师队伍建设提供有力的理论支撑和思想引领。

2. 应用价值

一是促进思政课教师育人能力提升。开展新时代思政课教师队伍建设的理论与实践研究，能为新时代思政课教师的素质提升和能力发展提供理论参考和实践指导，提升思政课教师的育人意识和育人水平。

二是提高思政课教学实效。本书在把握新时代思政课教师队伍建设规律和特点的基础上，结合现状分析，提出新时代思政课教师队伍建设的有效范式，有助于更好发挥思政课教师的主动性和积极性，促进思政课教学效果的实际提升。

二、研究现状分析

（一）文献研究综述

“思政课作用不可替代，思政课教师队伍责任重大。”[1]当前，思政课教师队伍建设受到广泛关注。在新时代，党和国家对思政课教师提出了新要求，各界对思政课教师充满期待。继教育部、中央组织部、中央宣传部、财政部、人力资源和社会保障部五部门于2019年9月印发《关于加强新时代中小学思想政治理论课教师队伍建设的意见》后，教育部《新时代高等学校思想政治理论课教师队伍建设规定》自2020年3月1日起施行，这对新时代如何更好贯彻落实习近平总书记关于思政课教师队伍建设的相关重要讲话精神，不断推进新时代思政课教师队伍

[1] 习近平．思政课是落实立德树人根本任务的关键课程[J]．求是，2020(17)．

建设具有巨大的指导意义。学界对思政课教师队伍建设也十分重视,开展了多维度、多层面的研究。具体来看,已有研究主要包括以下几方面的内容。

一是思政课教师队伍建设的时代价值提炼。教师是人类灵魂的工程师,是人类文明的传承者,承载着传播知识、传播思想、传播真理,塑造灵魂、塑造生命、塑造新人的时代重任。[1]思政课教师作为教师队伍的重要组成部分,担负了铸魂育人的神圣使命,责任重大,使命光荣。[2]思政课教师是全面推动习近平新时代中国特色社会主义思想进教材、进课堂、进学生头脑的核心力量。[3]习近平总书记着眼培养社会主义建设者和接班人,高度评价思政课教师队伍在铸魂育人、立德树人方面的重大作用,为新时代加强思政课教师队伍建设指明了方向和路径。[4]

二是思政课教师队伍的时代素养探讨。提升思政课教师素质是落实立德树人根本任务的必然要求,是教师适应新时代要求的自我需要。[5]习近平总书记为新时代思政课教师提出了"政治要强""情怀要深""思维要新""视野要广""自律要严""人格要正"[6]六个方面的新要求。吴潜涛和张磊认为,习近平总书记提出的这"六个要"的要求,是对新时代思政课教师核心素养的精辟概括,并进一步提出要深刻领会"六个要"的科学内涵,既要把握"六个要"各自的基本内容,又应从政治素养、业务素养和师德素养三个层面把握"六个要"的内在逻辑。[7]互联网时代思政课教师的网络信息素养也越来越受到重视,李嘉莉和马学思认为,高校思政课教师不仅要在课堂教学活动中善于运用互联网技术,更要担当起网络舆论

---

[1] 张烁. 坚持中国特色社会主义教育发展道路 培养德智体美劳全面发展的社会主义建设者和接班人[N]. 人民日报,2018-09-11.

[2] 廖金香. 高校思想政治理论课教师能力提升的四个维度[J]. 江苏高教,2019(9).

[3] 王焰新. 加强思政课教师队伍建设 打好提高思政课质量和水平攻坚战[J]. 中国大学教学,2019(4).

[4] 柴葳,于珍. 锻造新时代铸魂育人的关键力量——全国各地各校思政课教师队伍建设综述[N]. 中国教育报,2020-03-16.

[5] 张小飞. 新时代思想政治理论课教师素质提升的内在逻辑[J]. 马克思主义与现实,2019(4).

[6] 习近平. 思政课是落实立德树人根本任务的关键课程[J]. 求是,2020(17).

[7] 吴潜涛,张磊. 新时代思想政治理论课教师的核心素养及其培育[J]. 教学与研究,2019(7).

"把关人"的新角色。[1]

三是思政课教师队伍建设的成功经验概括。习近平总书记指出:"思政课建设长期以来形成的一系列规律性认识和成功经验,为思政课建设守正创新提供了重要基础"。[2]可见,对思政课教师队伍建设的成功经验进行总结和提炼很有必要。有学者在探讨改革开放以来思政课教师队伍建设的历史经验时,概括出八个方面的结合,包括育人与育师、充实与提高、师资与课程等。[3]邓春芝则从"准确把握教师队伍的定位""搭建教师队伍建设的联动平台""构建全方位的选拔、培养体系""筑牢政策和制度保障"四个方面,对中华人民共和国成立以来高校思政课教师队伍建设的历史经验进行了总结。[4]从当前研究看,对于这方面的研究成果仍然十分有限,需要进一步加大研究力度。当前对思政课教师队伍建设的历史经验方面的研究,呈现出关于高校思政课教师队伍建设历史经验总结的研究成果多于中小学方面的局面。这些也反映了我国在相关研究上还有进一步开展和提升的空间。

四是思政课教师队伍的建设路径探讨。学校党委既是思政课教师队伍建设的领导主体,又是落实主体和工作主体,要坚持"把从严管理和科学治理结合起来",将思政课教师队伍建设的主体责任放在心上、扛在肩上、抓在手上,扎实推进思政课教师队伍的政治建设、思想建设和组织建设。[5]王智超和韩喜平从教师培育、选拔、使用等方面就如何做好做实思政课教师队伍建设进行了探索。[6]当前,越来越多的地方通过构建跨学科、跨领域、高素质的教学团队,坚持对思政课专职教师开展分层培养培训,来实现思政课教师队伍的常态化建构。[7]还有研究

❶ 李嘉莉,马学思.高校思政课教师的网络舆论"把关人"角色刍议[J].思想理论教育导刊,2019(2).

❷ 习近平.思政课是落实立德树人根本任务的关键课程[J].求是,2020(17).

❸ 骆郁廷.改革开放40年来高校思想政治理论教师队伍建设的历史发展[J].思想理论教育导刊,2018(6).

❹ 邓春芝.新中国70年高校思政课教师队伍建设的沿革和启示[J].黑龙江高教研究,2020(3).

❺ 王焰新.加强思政课教师队伍建设　打好提高思政课质量和水平攻坚战[J].中国大学教学,2019(4).

❻ 王智超,韩喜平.切实加强思想政治理论课教师队伍建设[N].光明日报,2019-05-07.

❼ 柴葳,于珍.锻造新时代铸魂育人的关键力量——全国各地各校思政课教师队伍建设综述[N].中国教育报,2020-03-16.

者提出以“科学治理”为着力点，概括出不断优化思政课教师队伍建设的三个实践路径：坚持目标导向，着力优化高校思政课教师队伍的体系建设；坚持问题导向，着力优化高校思政课教师队伍的能力建设；坚持效果导向，着力优化高校思政课教师队伍的效能建设。❶

国外也有许多相关论述。著名教育家苏霍姆林斯基在《给教师的一百条建议》中认为，教师不仅是参与造就共产主义新人的雕塑巧匠之一，而且起着重要的“指挥者”作用，是整个雕塑巧匠合唱团的明智指挥。当前，各国对于思想政治教育都很关注，西方国家也常借公民课、社会课、宗教课等名义来行思政课之实。美国前总统克林顿说：“虽然学校不能倡导官方宗教信仰，但他们应当教授主流价值观。”❷西方国家虽然没有配备专门的思政课教师队伍，但他们往往通过整合各方力量参与主流意识形态教育之中。如《美国2000年教育目标法》不但对学校提出了要求，而且还要求全社会都关心青少年的成长，比如社区，该法就要求其把校长、教师、学生、企业界、官员、新闻界、医务界与社会服务机构、公民与宗教团体、执法机关、成年监护人和友好邻居等组织起来，为青少年的成长创造良好条件。❸

综上所述，现有研究在以下几个方面取得了进展。

第一，学界对思政课教师队伍建设的时代价值、素养要求、历史经验和有效路径进行了研究，有不少研究者围绕互联网时代思政课教师队伍建设面临的困境与突破路径进行探讨，对本书研究很有启发。

第二，多数研究已认识到思政课教师队伍建设存在的一些现实困境，认为新时代对思政课教师提出了新要求，应当进行理论创新，并取得了不少研究成果，这些研究共识和研究成果能为本书研究提供重要参考。

第三，国外思政课教师队伍建设方面已取得不少相关研究成果，能为本书的开展提供理论借鉴。

现有研究成果还存在不足之处，需要进一步深入探讨。

---

❶ 吴玉程，李平．以“科学治理”为着力点优化高校思政课教师队伍建设[J]．中国高等教育，2019(23)．

❷ 比尔·克林顿．希望与历史之间[M]．金灿荣，等译．海口：海南出版社，1997：98．

❸ 赵康太．试论美国思想政治教育的社会化、具象化和实践化路径[J]．思想理论教育导刊，2007(4)．

第一，虽然学界已越来越重视新时代背景下的思政课教师队伍建设研究，但针对新时代思政课教师队伍建设的新特点和新规律，新时代思政课教师的成长路径，以及新时代思政课教师队伍如何突破传统建设模式、创新建设思路等仍缺乏深入、系统地研究。

第二，现有的相关研究主要以理论研究为主，缺乏对新时代思政课教师队伍建设现状的实证分析。

第三，党的十八大以来，习近平总书记有很多关于思政课教师队伍建设的重要论述，但学界对习近平总书记关于思政课教师队伍建设重要论述仍然缺乏系统性的思考，比如，习近平总书记关于思政课教师队伍建设重要论述的内在逻辑如何、有哪些基本特征和重大创新、实现机制如何构建等，都需进一步深入而系统地研究。

（二）思政课教师队伍建设理论研究成果的数据分析

2025年4月11日，通过中国知网，以"思政课教师"为篇名，通过模糊查询，截至2024年12月31日，共计查得3128篇中文文献。在这3128篇文献中，学术期刊论文2274篇，学位论文159篇，会议论文31篇，报纸文章89篇，学术辑刊16篇，特色期刊558篇，其他还包括1部图书，主要还是以学术期刊论文为主。

从发文总体趋势看，2007年之前的文献很少，仅在1998年、2002年和2003年各有1篇。2007年之后相关发文数量有所增加，2007年当年便达到了11篇。党的十八大以来，思政课教师队伍建设越来越成为理论研究的关注点，理论研究成果呈明显增长趋势。自2012年11月8日党的十八大召开以后，思政课教师相关研究成果不断增多，从2013年的47篇，增加到了2022年的431篇，10年增幅达9倍多。特别是2019年，查得相关文献306篇，相比2018年的116篇，一年跳跃增加2.6倍多（图0–1）。特别是2019年之后，思政课教师队伍建设相关理论研究成果呈飞速上升趋势，这离不开以习近平同志为核心的党中央的高度重视。2019年3月，习近平总书记主持召开学校思想政治理论课教师座谈会并发表重要讲话，为办好思想政治理论课提供了根本遵循。此后，教育部、中央组织部、中央宣传部等各部门也相继出台相关文件，加以推进。这大大推动了理论界对思政课教师队伍建设的关心和关注，促进了相关研究的开展。

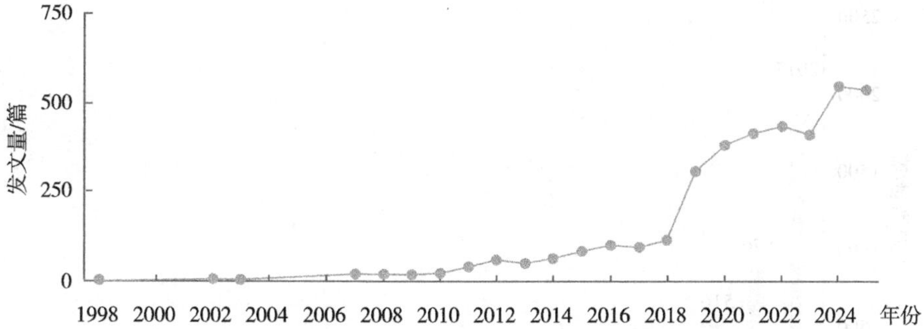

图0-1 1998年1月1日—2024年12月31日相关发文总体趋势

从主要主题分布看，思政课教师研究主题呈现出了时代性和前沿性强的特征。“新时代”“教师队伍建设”等成为了研究热点主题，这说明相关研究者越来越认识到新时代背景下思政课教师队伍建设的意义，学界对于习近平总书记的相关重要讲话精神及其指导意义也十分重视，认真贯彻落实相关精神，深入学习和开展相关研究。同时，关于“高校思政课教师”“高职院校思政课”“高校思政课”“高职院校”等相关主题的研究文献数量明显多于中小学相关研究文献的数量(图0-2)。究其原因，高校思政课教师不仅承担着思政课的教学任务，还需要参加马克思主义理论学科的建设和开展教学与改革等方面的研究，学历水平总体较高，教学与科研两方面的结合能力较中小学教师要强，研究成果也就较多。这也在一定程度上反映了高校和中小学思政课教师在理论研究上的不平衡。今后需要高校对中小学思政课教师进行帮扶，推进中小学思政课教师队伍建设实践经验的提炼和理论提升。此外，“协同育人”“提升路径”“教学能力”“提升研究”和“素养提升”等也成为研究的热点主题。这说明，学界已经越来越意识到，上好思政课，不仅是思政课教师的事，还需要各方紧密协作，共同推进。思政课教师的教学能力，直接关系到课堂教学效果。思政课教师要承担起自身的责任和使命，履行好自己的职责，必须提升教学能力，这不管在哪个时候都是需要思政课教师重视的，因而也必然会成为热点研究主题之一。这些研究主题都与当前思政课教师队伍建设实际紧密结合，展现出了前沿性和时代性。

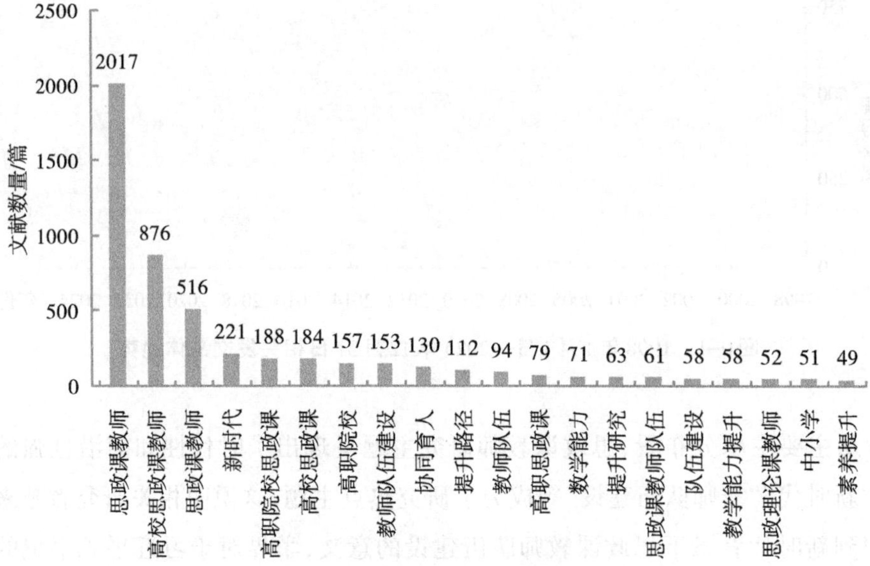

图0-2 “思政课教师”的主要主题分布图

从机构分布看，师范大学成为“思政课教师”研究的主力，发文量排名前十位的研究机构大多为师范类院校（图0-3）。师范类院校致力于培养各类师资力量，当然也包括思政课教师，这里发文量靠前的师范类院校，都设有思想政治教育（师范）专业，大多数学校有马克思主义理论学科硕士点和学科教学（思政）硕士点。例如，发文量排名第一的华中师范大学，便设有思想政治教育（师范）专业。其中的西华师范大学，高度重视思政课教学和思政课师资队伍培养，一些校领导带头开展思政课的教学与研究，并出台政策鼓励师生在《中学政治教学参考》等思政课教学方面的期刊上刊发研究成果。在硕士毕业论文方面，也有围绕习近平总书记“六个要”开展的系列研究。一些学校还有马克思主义理论一级学科或相关专业博士点，包括发文量靠前的武汉理工大学和扬州大学，虽然不是师范大学，但均有相关专业博士点。这些院校担负着高水平思政课师资培养的使命，在思政课教师队伍培养和建设上，积累了丰富的经验，转化成为理论研究的成果也必然会更多。

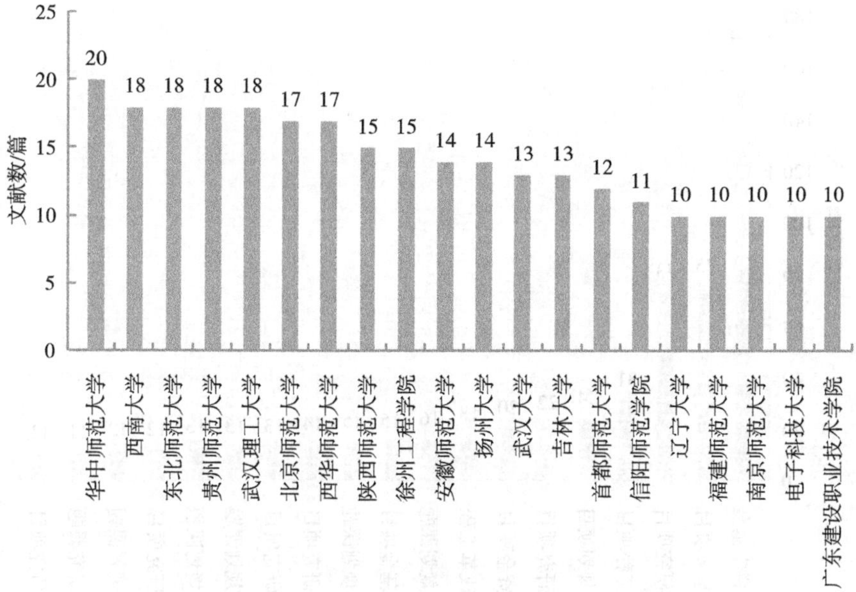

图 0-3 “思政课教师”研究的机构分布图

从基金分布情况看,“思政课教师”相关文献受国家社会科学基金资助的最多,数量高达164篇,明显高于其他类基金项目资助的文献数量(图0-4)。通过对国家社会科学基金资助的“思政课教师”相关文献进行分析,发现2019年之前的数量很少,仅在2012年、2014年和2016年各有1篇,在2017年有2篇。到了2019年,“思政课教师”相关文献受国家社会科学基金资助的数量增加到9篇,2021年则直接增加到28篇,2024年更是达到了47篇(图0-5)。这与国家社会科学规划办高度重视思政课建设,并从2019年开始设立国家社会科学基金高校思想政治理论课研究专项有关。随着专项基金的设立和资助力度的加大,相关研究成果不断涌现,国家社会科学基金资助的这164篇研究成果中,有159篇是2019年之后资助发表的。

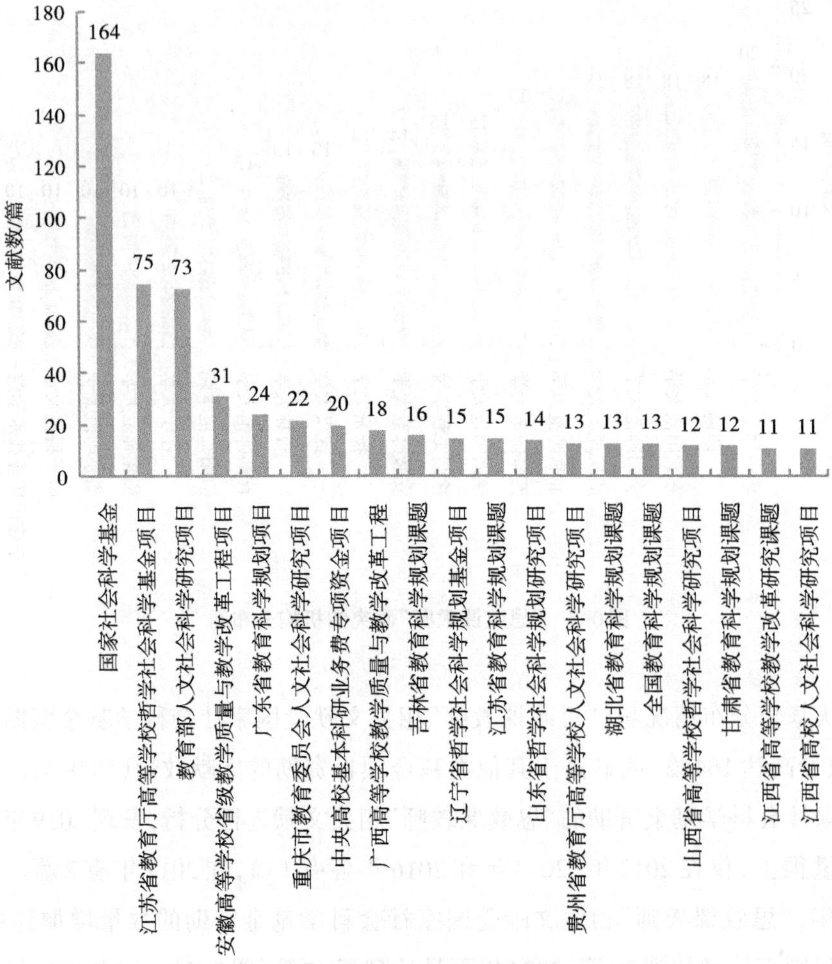

图0–4 “思政课教师”相关文献的基金分布情况

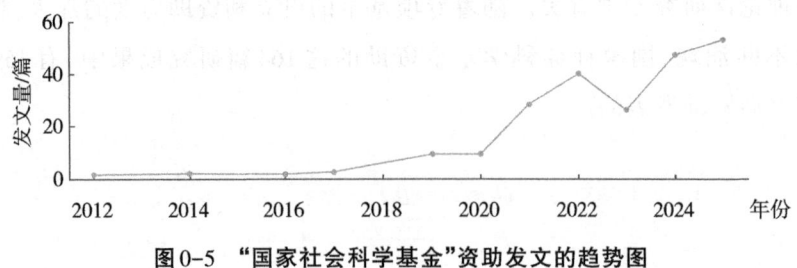

图0–5 “国家社会科学基金”资助发文的趋势图

(三)研究的重点与难点

1. 研究重点

(1)基于采用历史与逻辑相结合的方法,把思政课教师队伍建设看作一个动态的历史发展过程,揭示其发展轨迹和发展规律,分析其发展趋势。

(2)在马克思主义理论指导下,整合教育学、传播学、社会学、伦理学等多学科资源,从不同学科视角探讨新时代学校思政课教师队伍建设。

(3)运用多元化主体评价与过程性反馈相结合的方法,进行新时代思政课教师队伍建设的评价反馈机制构建。

2. 研究难点

(1)现状把握与影响因素分析。党的十八大以来学校思政课教师队伍建设面临的内外形势十分复杂,影响因素涉及方方面面,需要全面考察,透过现象抓住本质,要真实把握新时代思政课教师队伍建设实施现状,并分析相关的影响因素,这些都是复杂却很有意义的工作,同时也是本书需要突破的难点。

(2)新时代学校思政课教师队伍建设的实践路径建构。这是一项长期且系统的工作,需要从深化习近平总书记关于思政课教师队伍建设重要论述的认识、汇聚合力、建构评价反馈机制等各方面着手,建构长效机制,以真正实现新时代思政课教师队伍建设效果的提升。

三、思路方法

(一)基本思路

本书聚焦于以下三大问题,遵循从传统到现代、从理论到实践的逻辑逐步展开。

(1)围绕新时代党和国家对思政课教师的新要求,提出突破传统,创新发展的建议。

(2)围绕新时代思政课教师队伍建设越来越受关注,但在新时代思政课教师队伍建设的特征、规律和有效路径等方面却仍十分缺乏系统的研究,难以满足实践的强烈需求这一矛盾,通过深入研究习近平总书记关于思政课教师队伍建设的重要论述,深化对新时代思政课教师队伍建设新规律和新特点等的认识,能为新时代思政课教师队伍建设提供理论支撑和思想引领。

(3)围绕新时代思政课教师队伍建设实施过程中可能出现的弱化甚至低效问题,提出运用多元化主体评价与过程性反馈相结合的方法,构建新时代思政课教师队伍建设的评价反馈机制,及时分析和发现问题,并采取相对应的策略,来改善和提升思政课教师队伍建设实施效果。

(二)具体研究方法

1. 社会调研和个案研究

要更为真实、准确地掌握新时代思政课教师队伍建设的实际状况,获取第一手研究资料,需要采取访谈、问卷、座谈会等方式,开展广泛的调查研究。通过社会调查,可以更好地听取意见,吸取在思政课教师队伍建设方面的宝贵经验,广泛地征求建议,以更好地了解和掌握当前思政课教师队伍建设亟须解决的主要问题,并寻找出相应的对策。同时,根据本书需要,选取思政课教师队伍建设的典型范例进行观察和分析,从中提炼建设经验,探寻思政课教师队伍建设的有效策略。

2. 历史与逻辑相结合

既要重视新时代思政课教师队伍建设的逻辑理路研究,阐释其历史逻辑、内在逻辑、理论逻辑与实践逻辑,也要把新时代学校思政课教师队伍建设纳入国内外社会历史发展的轨迹,揭示其发生发展规律。如党的十八大以来,我国思政课教师队伍建设的新要求,须置于我国在新时代奋力推进现代化强国建设和实现中华民族伟大复兴这样的社会历史背景中去深入理解。要对新时代思政课教师队伍建设的宝贵经验进行总结和提炼,认真分析其中的发展机遇和呈现出的值得关注的鲜明发展趋势,揭示其中的规律性。

3. 多学科交叉研究法

采用多学科交叉研究法,能为新时代思政课教师队伍建设提供多学科的理论借鉴。思政课教学内容涉及广泛,对思政课教师要求很高,需要思政课教师要有宽广的视野,借鉴多学科的知识。思政课教师需要在马克思主义理论指导下,采取多学科交叉研究的方法,整合教育学、心理学、人才学、社会学等多学科资源,对思政课教师队伍建设开展多学科、多维度的探讨。

四、主要学术思想和观点

党的十八大以来,思政课教师队伍建设经过长期探索和实践,形成了一系列极富创见性的新观点、新论断和新要求,并展现出了自身的鲜明特征:时代性与创造性、逻辑性与系统性、现实性与针对性的有机统一。时代呼唤人才,时势造就人才,中国特色社会主义进入新时代,以习近平同志为核心的党中央对思政课教师队伍建设高度重视,这为思政课教师队伍建设提供了难得的机遇和条件。

新时代思政课教师队伍建设有其自身特定的逻辑理路。从历史逻辑看,需要继承中国传统教育思想的精华并善于将其创新运用,也需要重视我国思政课教师队伍在长期建设历程中形成的宝贵经验,要从中汲取智慧、总结经验、把握规律,以更好推进当前思政课教师队伍的建设实践。从理论逻辑看,是马克思主义理论的具体运用和发展。党的十八大以来,马克思主义理论学科的发展,为思政课教师队伍建设提供了强有力的支撑。从实践逻辑看,根植于中国特色社会主义伟大实践,面向新形势、新发展和新任务,也是对新时代思政课教师队伍建设现实挑战和制约因素的积极回应。

习近平总书记关于思政课教师队伍建设重要论述深刻阐明了新时代思政课教师队伍建设的使命与目标,提出了新时代思政课教师的素养要求,揭示了许多新规律、新机制和新方法,具有重大创新意义。

五、研究方法的创新

在研究方法上,既重视理论分析,又注重对实践个案的细致研究;既关注新时代思政课教师队伍建设的实施状况和困境,也将其纳入历史发展的轨迹,从思政课教师队伍建设的历史演变中,揭示其发生、发展和本质。此外,学界现有相关研究多以理论研究为主,缺乏理论与实践相结合的成果。本书将运用个案研究等多种方法,对新时代思政课教师队伍建设情况进行深入分析,以期更好揭示思政课教师队伍建设规律,并为相关实践提供范例和参考。此外,还采用多学科交叉研究法,对思政课教师队伍建设开展多学科、多维度的探讨。

第一章 思政课教师队伍建设的基本问题理析

思政课教师队伍建设,必须首先厘清建设主体、建设意义、建设历程与经验等基本问题。需要在马克思主义理论指导下,对这些问题进行系统研究,以更好地为思政课教师队伍建设提供基础理论上的支持。

第一节 思政课教师队伍建设的主体分析

从思政课教师队伍建设的主体来看,党和政府是其建设的首要主体,思政课教师队伍建设必须坚定不移地坚持党的领导。在思政课教师队伍发展中,习近平总书记的相关重要讲话精神、政府及其相关部门出台的各类文件和规定,对思政课教师队伍建设具有巨大的指导和规范作用。在思政课教师队伍建设中,学校是重要主体之一,学校党委和相关领导必须重视思政课教师队伍建设,加强思政课教师队伍的管理,注重提升思政课教师的素质和能力,使他们能够更好地肩负起自身的使命,履行好自身的职责,成长为一名优秀的思政课教师。除了党和政府、学校之外,社会也应当承担起相应的责任,要通过打好社会组合拳,使有关社会组织、各行各业涌现的先进代表与模范人物等,积极支持思政课教师队伍建设,与思政课教师协同育人。基层教研室(组),在思政课教师队伍建设中一直受到重视,其在组织成员研讨教材、教法,组织课堂教学观摩和相互开展听评课,推进老教师与新教师、教学名师与青年教师间的结对帮扶,以及组织团队开展教学改革与研究等方面,都发挥着重要作用。同时,思政课教师自身也是思政课教师队伍建设不可或缺的主体。一方面,在思政课教师队伍建设过程中,思政课教师是培养培训以及素质能力提升的主要对象,因而以建设对象的身份参与其中。另一方面,在思政课教师队伍建设中,除了外部推动,也需要思政课教师发挥自身的积极性和主动性,自我教育,自尊自律,自觉进行自我素质和能力的提升,不断完善自我道德人格,推动自我全面发展。从这一角度看,思政课教师无疑又是队伍建设的主体。此外，从主客体关系维度看，思政课教师在队伍建设中的主客体身份并非一成不变的，有时会是双重身份的和谐统一，在特定情景下主客体身份还会相互转换。例如，思政课教师在各项教学经验交流与研讨中，他们每个人不仅是队伍整体发展的推动者，也是在这一过程中接受他人支持和帮助以实现个人成长的受益者，在这种相互影响、共同进步的关系框架内，思政课教师扮演着主体和客体的双重角色，形成了一个有机的统一整体。再如，思政课教师在参与社会实践、挂职锻炼，以及各类进修学习和培训活动时，一方面，他们以思政课教师队伍建设的对象身份去参与这些活动，他们是学习者，是受训者，在参与中汲取养分，提升自我；另一方面，他们中的优秀者，如思政课教学名师和专家等，会主动分享他们的经验和智慧，以此促进整个队伍的发展，在这一情形下，他们又转变为了推动队伍建设不断前行的主体。

第二节　思政课教师队伍建设的意义

一、从国际层面看，有利于筑牢国家意识形态安全防线

随着我国综合实力不断增强，日益走近世界舞台中央，虽然我国反复申明，坚持走和平发展道路，但一些西方国家从自身利益出发，视我国的发展壮大为“异己”力量，认为会对他们的资本主义价值观和制度模式产生挑战，他们利用自身的话语优势，加大对我国的抹黑，从宣扬“中国崩溃论”，到炒作“中国威胁论”，意图歪曲事实，干扰我国发展进程。面对这种情况，加强思政课教师队伍建设，提升思政课教师的国际视野，提升我们的话语自信、话语质量和话语表达能力，拓展我们的话语平台，使我们能讲好中国故事，传播好中国声音，是更好应对西方发达国家话语霸权对新时代思想政治理论课话语体系建设提出严峻挑战的必然要求，也是更深入地揭示某些西方国家试图干扰中国、遏制中国发展的意图，更好地维护我国意识形态安全，提升学生的自信心和自豪感，进而激发学生为实现中华民族伟大复兴的中国梦积极贡献自己力量的要求。这些都要求加强思政课教师队伍的培训和培养，让他们能更好回应挑战，解答学生困惑，提高学生的政治素养和鉴别能力，能够透过现象把握本质，认清世界和中国发展大势，

自觉维护我国形象和利益。

在全球化背景下，一些西方国家利用经济和科技等方面的优势，极力推销极具迷惑性和欺骗性的“普世价值”，历史虚无主义、新自由主义，以及后现代主义等形形色色的西方社会思潮也借着全球化浪潮向学校渗透，对青少年学生的思想和行为产生了巨大影响。青少年好奇心强，对社会思潮敏感，容易受其影响，这对他们的主流意识形态认同产生了十分不利的影响。在这样复杂的国际形势下，思政课作为主流意识形态宣传教育的主阵地，思政课教师在传播社会主义核心价值观，增进学生对社会主义主流意识形态的认同中，可谓责任重大。因此，加强思政课教师队伍建设，提升思政课教师的整体素质，不仅使他们自身有坚定的马克思主义信仰，而且要提升他们教育引导的能力和水平，引导学生认清各种错误思潮的实质及其危害，提高学生的政治敏锐性和是非鉴别能力，使他们能够更好抵御错误思潮和不良倾向的影响，以不断强化学生对我国社会主义主流意识形态的认同，这在当前意义重大。

二、从国内层面看，是新时代面对新任务、应对新挑战的必然要求

在当前我国正处于实现中华民族伟大复兴的关键时期，加强思政课教师队伍建设，有助于他们充分发挥自身在其中的作用，更好担负起相应的责任和使命，以培养大量社会主义现代化事业所需要的德、智、体、美、劳全面发展的时代新人。实现中华民族的伟大复兴，离不开一代代青少年的奋斗，需要他们坚定理想信念，爱国爱党，愿意为党和人民的伟大事业而不懈努力。而思政课教师作为对青少年进行系统马克思主义及其中国化创新理论宣传教育的主体力量，必然要不断提升自身素质和能力，以更好强化学生的理论武装，坚定学生的理想信念，引导他们自觉践行社会主义核心价值观，努力为实现强国梦贡献自身力量。在当前，对于我国发展来说，机遇前所未有，但面临的风险和挑战也前所未有，而越是在这样复杂的形势下，越需要加强党的领导。这也需要不断加强思政课教师的队伍建设，提升思政课教师素质能力，使他们能够不断创新课堂教学的方式方法，从马克思主义理论所揭示的人类历史发展规律中，从党带领人民站起来、

富起来、强起来的历史进程中,从中国特色社会主义实践的伟大成就中,增强学生对党团结带领中国人民战胜艰难险阻、实现中华民族伟大复兴中国梦的必胜信念,深化学生对中国特色社会主义制度在化解风险挑战中所具有的独特优势与显著效能的理性认知和价值认同。同时,当前我国随着改革开放的不断深入和市场经济的发展,社会结构深刻变化,利益诉求更加多样,各种思想观念激烈碰撞,人们原有的世界观、人生观和价值观受到严重冲击,学生关心的一系列热点难点问题也迫切需要解疑释惑,这也对思政课教师的素质能力提出了更高要求,需要不断加强思政课教师队伍建设。思政课教师要积极回应实践与时代提出的重大问题,做好解疑释惑、凝聚人心的工作,首先自身要提升理论素养,要善于运用科学思维分析新情况,解决新问题。形势越复杂,责任和使命越艰巨,越需要加强思政课教师队伍建设,使他们能够透过纷繁的现象,把握事物的本质和规律,在提升自我能力的同时,引导学生更好认清发展大势,提升他们分析和解决问题的能力。

三、从教师层面看,有利于思政课教师更好适应时代与实践发展的要求

随着中国特色社会主义实践不断向前推进,以及科学技术的快速发展,要求思政课教师不断提升自身素质和能力,才能跟上实践与时代的发展步伐。随着实践的推进,马克思主义中国化的创新成果不断丰富,思政课教师需要不断吸取新知识,更新和丰富课堂教学内容。而随着信息网络技术和多媒体技术的向前发展,思政课教师的教学方式方法和手段也必须不断创新。同时,还需要思政课教师不断更新教学理念,改变过去单打独斗的方式,更加注重协同育人,突出实践育人,重视学生的过程考核。此外,从思政课教师自身发展视角看,加强思政课教师队伍建设,对思政课教师强化师德师风建设,开展培训,进行考核评价等,在提升思政课教师教学和科研能力,更好满足时代和实践提出的要求的同时,也有助于提升教师的思想道德素养,完善他们的人格,促进他们的全面发展。

四、从学生层面看，是学生成长成才的需要

“要让有信仰的人讲信仰”[1]，要让学生坚定理想信念，认同马克思主义理论，思政课教师首先要严格要求自己。要通过思政课教师队伍建设，提升他们的马克思主义理论修养。思政课教师只有自身有崇高信仰，才能理直气壮地向学生讲信仰，在课堂教学中也更有热情和吸引力，从而有助于引导学生坚定马克思主义信仰，为他们的前行提供方向和动力，使他们勇于面对困难，在纷繁复杂的环境下，在面对困难和挫折时，在各种消极思想倾向和错误思潮的渗透和干扰下，能够立下大志，保持定力，迎难而上，不迷失前进的方向。思政课教师作为学生成长成才的引路人，首先自身必须有敏锐的洞察力，政治判断力强，能够识大局，善于辨是非，这样才能引领学生沿着正确的方向不断前进。要通过思政课教师队伍建设，提升思政课教师的学识，以及课堂教学的能力和水平，这样才能使他们以渊博的学识引导和吸引学生，提升学生的课堂获得感。也要通过思政课教师队伍建设，包括开展各类培训、交流等，使思政课教师掌握过硬的教学技能，有效运用各种教学方式方法，能精心设计教学过程，抓住课堂教学的重点、难点和关键点，以鲜活的案例，开阔的视野，深入浅出，旁征博引，从而能更好提升学生的思想道德素质。思政课教师的自身修养，无不时时刻刻影响着学生的成长成才。思政课教师只有平等地看待学生，才能更好增进他们平等观念的养成。作为教师，要尊重学生，并且要善于倾听学生的倾诉，以更好促进学生良好道德品质的养成。有研究成果表明，教师对于学生的不同管教风格，会对学生的人格产生影响，教师如果采取民主的管理方式，学生在行动上将会更为积极主动，并很少表现出不满情绪。[2]因而，思政课教师要始终注意自身的言行对学生成长的影响，要自尊自重，也要掌握良好的班级管理方式和师生沟通技巧，以更好促进学生良好品质的养成。要加强师德师风建设，注重以德育人。要促进学生的成长成才，思政课教师不仅需要拥有相应专业知识和理论素养，掌握教学技能，学会管理班级和处理师生关系，而且需要通过自身的道德情操，教学热情，去感染和影响学生，需要以自身的人格魅力去吸引和引导学生。思政课教师只有自身

---

[1] 田丽，赵婀娜，黄超，等．大思政课，总书记心中的一件大事[N]．人民日报，2022-05-22.

[2] 彭聃龄．普通心理学（修订版）[M]．北京：北京师范大学出版社，2004：466-467.

德才兼备，以身作则，自觉践行社会主义核心价值观，才能在培养学生理论素养的同时，引导他们坚持正确的价值导向，做品学兼优的时代新人。

第三节　思政课教师队伍建设的主要内容

一、思政课教师队伍的政治建设

政治性是思政课的本质属性，思政课教师首先必须做到“政治要强”。加强思政课教师队伍建设，也必然需要加强政治建设。要坚持党的领导，对党忠诚，拥护并积极宣传党的路线、方针、政策和决策。要认真学习党的历史，并善于用党领导人民开展革命、建设和改革的光辉历程教育引导学生。思政课教师要坚定政治信仰，没有政治信仰，就会失去政治目标，极易在前进的道路上迷失方向和自由。要坚定政治立场，坚持用马克思主义的立场、观点和方法去观察分析和解决问题；要站稳党性立场和人民立场，厚植爱党爱国爱人民情怀，有政治担当，努力为党和人民的事业贡献力量。要强化政治认同，充分认识中国特色社会主义政治制度及其优越性，要关心和了解社会主义民主政治建设的进展和成效，关注全过程人民民主等方面的理论创新与实践经验，并以此引导教育学生，增进学生的政治认同。要增强政治敏锐性和政治鉴别力，在当前复杂形势下要严格要求自己，时刻保持头脑清醒，不断提升政治免疫力，还要有从政治大局上观察、分析和处理问题的觉悟和意识，善于透过现象抓住本质。对于思政课教师来说，政治上的坚定，有助于他们对“谋稻粱”的超越，“不再是寻寻觅觅‘找饭碗’，而是踏踏实实‘干事业’”❶。

二、思政课教师队伍的思想建设

加强思政课教师队伍的思想建设，就是要以马克思主义及其中国化创新理论武装他们，坚定他们的马克思主义信仰和共产主义理想，提升他们的思想政治水平，帮助他们克服与思政课教师岗位职责不相适应的种种错误思想倾向，保持队伍思想上的纯洁性和先进性，使队伍能坚定意志，具有强大战斗力。教育者先

❶ 郭凤志. 高校思想政治理论课程建设研究[M]. 北京：北京师范大学出版社，2019：259.

受教育。要让思政课教师更好用马克思主义及其中国化创新理论教育引导学生,必须先加强思政课教师自身的思想建设,让他们首先学深、学透马克思主义及其中国化创新理论,不断提高他们的马克思主义理论素养,这样他们才能更有底气和自信把马克思主义理论深入浅出地讲透,使学生真正认同马克思主义及其中国化创新理论,并使学生进一步将其内化为自身的精神信仰,成为他们的自觉追求。同样,要引导学生树立正确的世界观、人生观和价值观,思政课教师首先自身这"三观"要正,要以树立马克思主义的"三观"为根本,要时常反思,自觉提高改造世界观、人生观和价值观的能力,克服思想防线松懈。作为思政课教师,还要善于解放思想,开展教学改革与创新。此外,也要敢于同错误思想和社会思潮作斗争,旗帜鲜明地坚持和捍卫马克思主义在意识形态领域的指导地位。

三、思政课教师队伍的组织建设

队伍建设要重视队伍的选聘和配备,吸收优秀的人才到思政课教师队伍中,除了从相关专业毕业生中进行选聘外,还可以从与思政课教学内容相关的学科、胜任思政课教学的党政管理干部、符合条件的学生辅导员和政治素质过硬的相关学科专家中选聘。思政课教师作为教师的重要组成部分,在任职资格方面除了专业素养、语言表达、组织能力、沟通能力等一般要求外,还有其自身的特定要求。政治性是思政课的本质属性,因此思政课教师首先必须"政治要强",政治立场要坚定,能始终与党中央保持一致。除了马克思主义理论之外,思政课教师还必须做到"视野要广",要有广博的学识和多学科的理论知识积累,等等。思政课教师队伍的配备要合理,老中青之间的年龄结构要合理,要有年龄梯队;专业结构要合理,专业间能有互补;专职和兼职队伍间能各自发挥优势,能相互配合;如此等等。哪些教师将要退休,短期、中期、长期各需要多少人才,要做好发展规划。要做好思政课教师队伍的培养和培训,发挥团队的作用,通过名师带动青年教师成长。最后,要加强思政课教师的管理,建立相应考核评价机制,对于不再适合思政课教学的教师,要建立相应的退出机制。

四、思政课教师队伍的制度建设

思政课教师队伍建设要取得长期成效，还需从长远考虑，必须加强制度建设。对于思政课教师来说，必须遵循教师和教学方面的一般制度，例如《中华人民共和国教育法》《中华人民共和国教师法》。从教学计划制定到课堂教学的组织管理，再到教学质量的评价等，学校要有相应制度和规定，教师也需要遵守。除此之外，对于思政课教师队伍建设来说，还需要不断完善关于思政课教师的相关制度和规定。例如，思政课教师队伍的人员选拔和配备，需要有相关制度，为更好完成相关工作提供指导和参考标准。再如高校思政课教师的考核评价，由于思政课教师长期从事公共课教学，在这方面也需要有更加详细的、有针对性的制度规定等。随着思政课教师队伍建设不断向前推进，相应的制度建设也越来越完善，特别是党的十八大以来，出台了《普通高等学校思想政治理论课教师队伍培养规划（2019—2023年）》《关于加强新时代中小学思想政治理论课教师队伍建设的意见》《新时代高等学校思想政治理论课教师队伍建设规定》等文件，这些规定的出台，进一步明确了思政课教师队伍建设的岗位职责、培养培训、考核评价等方面的要求，大大推进了思政课教师队伍建设的有序、规范和长远发展。在思政课教师队伍建设中，制度建设必须受到重视，要将队伍建设的先进理念、成功做法和宝贵经验，不断转化为成熟定型的制度，并得到有效推广和贯彻执行，这样才能不断为队伍的持续、长远发展提供保障。

五、思政课教师队伍的作风建设

作风是一种无形的力量，反映了思政课教师队伍的整体形象。作风是一个由思想作风、工作作风和生活作风等方面组成的一个相互联系的整体，加强作风建设，就要全面推进、时时注意。例如，思政课教师不仅要在课上，在学校工作时要注意作风问题；在课后的日常生活上，也要注意作风问题。加强作风建设，首先要加强思想作风建设，思想作风对学风、工作作风和生活作风等其他方面起着支配作用。要坚持党的思想路线，要实事求是，课堂教学要善于从学生实际出发，尊重学生的思想特点、认知规律和现实需求。不能故步自封，要解放思想，与时俱进，要有创新意识，勇于进行课堂教学方法的改革，要着眼观察和分析新时代我国改革开放和社会主义现代化建设中的新情况，善于解决新问题，能为学生作出符合中国实际和时代要求的正确回答。工作作风是思政课教师在工作中所表现的比较稳定的做派和风格。要有勤恳、踏实的教学工作态度，忠于教育事业，爱岗敬业，增强对自身职业的认同感和荣誉感，关心和爱护学生，有为党育人、为国育才的责任感和使命感。要不断加强学习，努力提升自身的专业知识和业务能力，以更好满足教学工作需要。还要努力探索和改进教育教学方法，提升教学效果。此外，还要加强生活作风、学风等建设。在生活上，作风正派，有操守，重品行，有健康的生活情趣和高尚的精神追求，自觉做学习和实践马克思主义的典范，为学生树立榜样。在学风上，严谨治学，勤学好学，恪守学术道德，能静心笃志，力戒浮躁之风。加强作风建设，更好展示良好形象、整体素养和责任担当，在思政课教师队伍建设中意义重大。

六、思政课教师队伍的能力建设

按照“一岗双能”“一身二任”基本要求，思政课教师既需要掌握相应的教学能力，使自己能站稳讲台，并不断成长为教学能手和教学名师，也需要思政课教师提升学术能力，参与学科建设，以更好成长为马克思主义理论学科的骨干。在教学能力建设上，思政课教师要认真学习和掌握教学基本规律，提升自己的教学设计、实施和反思等能力，要随着时代与实践的发展及时更新教学内容，更新教学理念，了解最新教学方法。要积极参与各类相关的培训、学习交流活动，各类听课、评课和集体备课等活动，以掌握课程教学的最新动态，学习相关教学改革的最新经验。要积极向优秀青年教师、经验丰富的老教师、名师学习和请教他们先进的教学理念，以及好的教学方法。同时，思政课教师要不断完善自身知识结构，既要有深厚的马克思主义理论知识积累，也要有广博的学识，开阔的视野，这样才能使课堂既有深度，又有广度。随着信息网络技术的发展，思政课教师还要掌握多种教学方法和学会利用各类教学平台、资源，包括学习通等学习平台和各类电子教案、教学视频等资源。思政课教师要积极、主动地参与马克思主义理论学科建设，为课堂教学实践活动提供学科理论支撑。要增强学术研究能力，做到教研相长。既要把成功的教学实践经验进行提炼，经过验证后升华为理论，并进行推广；也要将理论运用到教学实践中，指导教学改革，提升教学效果。思政课教师还必须要有相应的组织协调能力，能善于整合各条战线的各类育人资源，共同参与育人。思政课教师也要具备创新能力，在不断地探索思政课教学的新方法、新范式等基础上，推进思政课教学改革与创新。同时，也要加强理论学习与科学研究，积极参与马克思主义理论学科建设，努力为推进新时代马克思主义理论的创新发展作出贡献。此外，还要锻炼调查研究能力，“调查就是解决问题”[1]。要通过调查摸清情况，对掌握的第一手资料进行分析，找准问题所在，进而提出相应的解决方案。要掌握调查研究方法，掌握调查研究所需的知识，调查问卷如何设计，数据如何统计分析，如何将获取的第一手资料去粗取精，如何专抓问题的本质进而提出对策，这些都需学习和锻炼。对于思政课教师来说，通过调查研究，有助于更好把握学生的学情，了解学生的思想动态，以及教学效果如何等，也有助于采取相应的策略，例如调整教学内容、教学难度和教学方法等，有针对性地去解决问题，提升教学效果。2023年3月，中共中央办公厅印发了《关于在全党大兴调查研究的工作方案》，这为思政课教师提升调查研究能力提供了思想遵循和方法指导。思政课教师需要不断学习，努力提升自身各项能力，以更好适应实践与时代不断发展的要求。

第四节　改革开放以来思政课教师队伍建设的历程回顾

我国向来重视思政课教师队伍建设，回顾历程，有助于更好地从思政课教师队伍的历史发展轨迹中把握其发展规律和趋势，汲取经验和智慧，这对于未来队伍的建设来说，具有极大借鉴和启示意义。

一、改革开放之初的探索

改革开放之初，在教育部印发的《改进和加强高等学校马列主义课的试行办法》《改进和加强中学政治课的意见》等文件中，都有涉及保持思政课教师队伍稳定、让教师尽可能归队等相关要求。同时，也重视并鼓励以培训来提升教师素

[1] 毛泽东选集(第1卷)[M].北京：人民出版社，1991:110.

质。为应对师资不足,“要采取多种措施解决马列主义课教师的来源问题”,在当时提出了包括从相关专业选拔优秀毕业生和研究生以及“要扩大中国人民大学四个理论系本科的招生名额”“增设马列主义基础专业”等举措。[1]

随着改革开放的不断深入和各项事业的不断发展,我国对思政课教师队伍的要求也越来越高。在这一阶段,我国不断加强思政课教师队伍的培养。特别是设置思想政治教育专业,开展本科、研究生培养,为队伍建设输送了很多专业化的高素质人才,对思政课教师队伍建设起到巨大人才支撑作用。1984年4月,教育部决定在部分高校设置思想政治教育专业,同年6月,决定在部分高校举办该专业本科班,并指出这关系到高校“思想政治工作队伍素质的提高”[2]。该专业的设立,为思政课持续培养了大量专业化的师资,为思政课教师队伍建设作出了巨大贡献。1987年,国家教育委员会[3]又印发《关于思想政治教育专业培养硕士研究生的实施意见》,开展该专业的研究生培养工作,这无疑有助于系统培养大量思政方面的高级专业人才从事思政课的教学与研究工作,对于提升思政课教师的整体学历和水平,推进思政课教师队伍长远发展具有重要意义。

改革开放以来,人们的思想不断解放,对教学方法改革创新的要求也越发强烈。在教学上越来越要求思政课教师采取“生动、活泼、形象”的教学方法,以及要改革“满堂灌”的做法。[4]要求思政课教师能够掌握并灵活运用多种教学手段和方法,以有效提升课堂教学效果。“教师要运用灵活多样、生动活泼的教学方法,充分调动学生的积极性和主动性”[5]。对于思政课堂来说,要让课堂实现从“机械”“呆板”转变为生动、活泼,要让学生解放思想,打破思想壁垒,使学生的思维能够活跃起来。课堂教学方法的改革与创新十分重要,如果教师缺乏相应

---

[1] 教育部思想政治工作司.加强和改进大学生思想政治教育重要文献选编(1978—2014)[M].北京:知识产权出版社,2015:30.

[2]《中华人民共和国学校思想政治理论课重要文献选编》编写组.中华人民共和国学校思想政治理论课重要文献选编[M].北京:人民出版社,2022:576.

[3] 1985年6月—1998年3月中华人民共和国国家教育委员会就是现在的教育部。

[4]《中华人民共和国学校思想政治理论课重要文献选编》编写组.中华人民共和国学校思想政治理论课重要文献选编[M].北京:人民出版社,2022:563.

[5]《中华人民共和国学校思想政治理论课重要文献选编》编写组.中华人民共和国学校思想政治理论课重要文献选编[M].北京:人民出版社,2022:632.

的教学手段，教学方法呆板、机械，则极易让学生产生倦怠和厌学情绪；而生动、活泼的教学方法有利于调动学生学习的积极性和主动性，能够更好激发学生的学习兴趣，有助于学生打开思维、大胆探索。在该阶段，十分重视运用启发式教学，反对“满堂灌”“注入式”，并在相关方法的运用上对思政课教师都有相应的要求，这在《关于进一步提高普通中学教育质量的几点意见》《关于加强和改进高等院校马列主义理论教育的若干规定》《全日制小学思想品德课教学大纲》等文献中都有相关论述和体现。

在改革开放初期，我国十分重视发挥思政课教研室（组）作用，对教师队伍建设起到巨大推动作用。在1978年教育部办公厅印发的《关于加强高等学校马列主义理论教育的意见》中，提出解决当时师资不足的一个紧急措施就是“恢复马列主义理论课教研室（组）”[1]。此后，在1980年教育部印发的《改进和加强高等学校马列主义课的试行办法》中，详细指出了马列主义教研室（组）的基本任务，并明确了设置问题。随后，为加强教研室（组）建设以提升马列主义课教师的科学研究能力，提出“应有一定数量的专职科研编制”“有条件的可以成立马列主义理论教育研究室”等对策。[2]在1991年国家教育委员会印发的《关于加强和改进高等学校马克思主义理论教育的若干意见》中，又提到要重视和采取多种措施加强教研室（组）建设，包括“加强与学校思想政治工作部门的联系”“要坚持集体备课制度”等众多内容。[3]教研室（组）作为学校最基层的教研组织，成员往往从事相同或相近课程的教学，容易结合教学改革和教学研究，围绕共同关注的主题开展教研活动。教研室（组）通过开展有组织的听、评课，以老带新，名师带动等教研活动，能够发挥团队的力量，推动教研室（组）成员共同成长。此外，在日常教研活动中围绕课程教学内容、方法的研讨，教学经验的总结与交流等都有助于成员的教学能力与水平的提升。

---

[1]《中华人民共和国学校思想政治理论课重要文献选编》编写组．中华人民共和国学校思想政治理论课重要文献选编［M］．北京：人民出版社，2022：476.

[2]《中华人民共和国学校思想政治理论课重要文献选编》编写组．中华人民共和国学校思想政治理论课重要文献选编［M］．北京：人民出版社，2022：581.

[3] 教育部思想政治工作司．加强和改进大学生思想政治教育重要文献选编（1978—2014）［M］．北京：知识产权出版社，2015：116.

在思政课教师队伍建设方面，大力提倡理论联系实际，把理论紧密联系实际作为“学习马克思主义和进行马克思主义理论教育的根本指导方针和根本方法”[1]，要求教师要树立理论联系实际的良好学风，要求他们“了解社会实际情况和学生的思想问题”[2]，这样才能更好开展有针对性的教学。要求“努力克服脱离实际、脱离时代的弊病”“坚持理论联系实际的方针”“组织他们参加社会调查”[3]。要求思政课教师要“积极参加社会实践”，创造机会让他们能更多地“接触社会”“接触实际”和“接触工农”等。[4]还要求思政课教师深入到学生之中，以更好地了解他们的思想状况，从而有利于结合学生思想实际开展相关教学，能有效提高教学的针对性和有效性。

在对思政课教师的考核评价方面，重视考察“教学效果”“转变学生思想的本领”和“科研成就”三个方面[5]。对于思政课教师而言，不仅要掌握相应的教学方式方法及各类教学技能，努力学习，积累知识，开阔视野，以提升课堂教学效果，让学生把知识掌握更多、更好；还需要对学生开展思想政治工作，提升育人能力，努力使学生的思想转变和道德人格的完善，促进学生的全面发展。对于思政课教师来说，不仅要教书育人，还要进行科学研究，要求思政课教师要有一定的学术研究能力，能够取得一定理论研究成果。

在思政课教师队伍建设保障上，为确保思政课教师的教学与科研活动顺利开展，让思政课教师更好了解党的路线、方针、政策，以及党的重要会议精神与最新要求等，在文件的阅读和报告的听传达方面，努力为思政课教师创造更好阅读

[1] 教育部思想政治工作司．加强和改进大学生思想政治教育重要文献选编（1978—2014）[M]．北京：知识产权出版社，2015：113-114.

[2] 教育部思想政治工作司．加强和改进大学生思想政治教育重要文献选编（1978—2014）[M]．北京：知识产权出版社，2015：29.

[3]《中华人民共和国学校思想政治理论课重要文献选编》编写组．中华人民共和国学校思想政治理论课重要文献选编[M]．北京：人民出版社，2022：624.

[4]《中华人民共和国学校思想政治理论课重要文献选编》编写组．中华人民共和国学校思想政治理论课重要文献选编[M]．北京：人民出版社，2022：777-778.

[5] 教育部思想政治工作司．加强和改进大学生思想政治教育重要文献选编（1978—2014）[M]．北京：知识产权出版社，2015：31.

条件。“原则上凡发到县、团级的内部文件，都应让党员教师阅读。”[1]对于非党员教师，也要及时向他们传达相关精神。相关的规定在《改进和加强高等学校马列主义课的试行办法》《改进和加强中学政治课的意见》《关于加强和改进高等院校马列主义理论教育的若干规定》等众多文献中都反复提及，这既显示对这一政策的连续性，也显示对这一规定的高度重视，以及党和政府对思政课教师的持续关心与支持。其他还包括政治上关心他们的进步要求，对有入党要求并具备相应条件的教师，“应当及时吸收他们入党”；生活上要认真解决“住房”和“两地分居”等问题。[2]领导保障方面，要求学校领导“把抓好马列主义理论教学和师资队伍建设作为自己的重要职责”，要求学校领导重视思政课教师队伍建设，经常了解思政课教师队伍情况，关心教师队伍的成长，参加重要教研活动，给予经费上的支持与保障。

在这一阶段，我国思政课教师队伍建设还开展了其他很多方面的探索与尝试。例如，有关于调动思政课教师积极性方面。1984年中宣部、教育部印发的《关于加强高等学校思想政治工作队伍建设的意见》中提到，表彰优秀高校思政工作人员，增强他们工作的责任感、荣誉感。[3]有要求思政课教师坚持教书与育人相结合方面的：“不仅要向学生传授理论知识，而且要对他们进行思想政治工作。”[4]有要求思政课教师能够言传身教的。作为思政课教师，需要言行一致，能用自己的思想和言行引导学生，感染学生，为学生树立典范。上好思政课不仅仅是思政课教师自己的事，而且要主动和其他学科、课外活动、班主任工作、少先队工作以及家庭、社会教育相结合，要善于将其融入各学科、各项工作和调动各方力量以提升学生的思想政治素质。

---

[1]《中华人民共和国学校思想政治理论课重要文献选编》编写组．中华人民共和国学校思想政治理论课重要文献选编[M]．北京：人民出版社，2022：509.

[2] 教育部思想政治工作司．加强和改进大学生思想政治教育重要文献选编（1978—2014）[M]．北京：知识产权出版社，2015：31.

[3]《中华人民共和国学校思想政治理论课重要文献选编》编写组．中华人民共和国学校思想政治理论课重要文献选编[M]．北京：人民出版社，2022：602.

[4] 教育部思想政治工作司．加强和改进大学生思想政治教育重要文献选编（1978—2014）[M]．北京：知识产权出版社，2015：29.

二、20世纪90年代初至党的十八大召开之前的建设

在这一阶段，随着形势的发展，对思政课教师队伍的素质、能力和学历水平的要求正日益提高。为全面提升思政课教师的学科素养、理论功底和教研能力，国家教育委员会在1995年提出"要加强有关'两课'的硕士和博士研究生教育，培养和造就一批出色的'两课'教师、德育专家和理论家，特别要注意跨世纪优秀人才的培养"❶。之后，1999年"教育部、国务院学位委员会决定开展高等学校'两课'教师在职攻读硕士学位工作"❷。此后，2008年教育部"决定实施'高校思想政治理论课教师在职攻读马克思主义理论博士学位'专项计划"❸。这一系列举措充分彰显了国家对于提升思政课教师学历的重视，这无疑有助于优化思政课教师队伍结构，促进思政课教师整体素质和能力的提升。此外，由于思政课课程涉及的知识面广，这就要求思政课教师在掌握本学科知识的同时，"在原有知识的基础上进一步学习掌握与其相适应的新知识"❹。如1995年的《中学德育大纲》，"不仅涉及教育学、德育学、心理学、社会学、哲学、伦理学等多方面的理论问题，还广泛涉及教育实践问题"❺。随着时代的发展，面对复杂的社会环境和人类知识的不断增长，思政课教师必然需要不断开阔眼界，在学深、学透本专业知识的基础上，还要掌握好多学科的知识，这样才能在马克思主义理论指导下对于各种新情况、各类新问题进行多学科、多维度的解读。

在这一时期，随着信息网络技术的不断发展，电脑在各个领域越来越广泛地运用和逐渐普及，最终走进了千家万户，成为人们生活中的重要组成部分，并对

---

❶《中华人民共和国学校思想政治理论课重要文献选编》编写组．中华人民共和国学校思想政治理论课重要文献选编[M]．北京：人民出版社，2022：859.

❷《中华人民共和国学校思想政治理论课重要文献选编》编写组．中华人民共和国学校思想政治理论课重要文献选编[M]．北京：人民出版社，2022：960.

❸《中华人民共和国学校思想政治理论课重要文献选编》编写组．中华人民共和国学校思想政治理论课重要文献选编[M]．北京：人民出版社，2022：1243.

❹《中华人民共和国学校思想政治理论课重要文献选编》编写组．中华人民共和国学校思想政治理论课重要文献选编[M]．北京：人民出版社，2022：934.

❺《中华人民共和国学校思想政治理论课重要文献选编》编写组．中华人民共和国学校思想政治理论课重要文献选编[M]．北京：人民出版社，2022：844.

人们的思想和行为产生了重大影响。改革开放之后,我国发展逐渐融入世界,2001年加入世界贸易组织之后,更是大大加快了我国的全球化进程,在推动我国经济发展的同时,也要注意一些西方发达国家,凭借着自身在经济和科技等方面的优势,借着全球化浪潮,对我国进行意识形态输出和文化渗透。可见,这一时期国际和国内思想文化领域的形势复杂严峻,西方的意识形态输出和文化渗透,更加多元的获取信息的渠道,以及复杂变化的社会环境等对学生的思想和行为产生了深刻影响,这对思政课教师队伍建设提出了许多新的更高的要求,需要不断加强思政课教师队伍建设,不断提升他们的素质和能力,这样才能更好适应时代和实践发展的要求。

在这一时期,面对国内外环境对学生思想与行为所产生的影响,人们越来越深刻认识到,上好思政课,不仅仅是思政课教师的事,还需要各方通力合作,形成合力,才能真正有利于思政课教学效果的提升。这就要求在思政课教师队伍建设中,不能仅仅关注思政课教师本身,还要"重视校园文化建设""学校教育、家庭教育、社会教育紧密配合"[1]。要保障学生健康成长,需要"全社会共同努力,各部门通力协作"[2]。在思政课教师队伍建设中,除关注思政课教师自身的思想政治素质和相应的能力、水平提升外,还需要为思政课教师上好课,提高课堂教学效果,创造良好的外在环境与条件。同时,还可以通过聘请优秀党政干部、社科工作者、新闻宣传者,以及各行各业涌现的先进代表,发挥他们的各自优势,与思政课教师共同育人,实现育人效果的最大化。此外,思政课教师也要转变教学理念,不能只守着自己的"一亩三分地",只关心自己课堂的教学,而是需要把眼界放宽,懂得与各学科、各部门、各行各业的先进代表通力合作,善于整合校内外各类育人资源,来更好实现自身的教学目的。

我国在长期的思政课教师队伍建设过程中,积累了许多宝贵的经验,有许多成功的做法,将这些经验和做法转化为成熟定型的制度的需求日渐凸显,在不同时间都有相应的体现。如1995年国家教育委员会印发的《关于高校马克思主义

---

[1]《中华人民共和国学校思想政治理论课重要文献选编》编写组.中华人民共和国学校思想政治理论课重要文献选编[M].北京:人民出版社,2022:834.

[2]《中华人民共和国学校思想政治理论课重要文献选编》编写组.中华人民共和国学校思想政治理论课重要文献选编[M].北京:人民出版社,2022:984.

理论课和思想品德课教学改革的若干意见》中提到，要“建立表彰奖励制度”[1]。在1997年，时任国家教育委员会副主任的柳斌同志在全国中小学德育工作会议上作的《新时期中小学的德育工作》报告中，特别指出：“中小学德育工作开始走上科学化、制度化的轨道。”[2]其中也提到要“建立新教师和骨干教师培训制度”[3]等关于思政课教师队伍制度建设的内容。之后，我国不断进行相关制度建设，包括“实行教师任职资格准入制度”[4]等。到2011年，教育部印发了《高等学校思想政治理论课建设标准(暂行)》，其中有专门的“队伍管理”相关内容，对思政课教师队伍建设作了比较全面的规定，指标体系也十分详细和清晰，在“教师选配”中对兼职教师的学历和专业背景以及新任教师的政治面貌和学历等方面都给出了具体标准，并指明人事处作为责任部门。此外，“培养培训”“职务评聘”等四个方面也都有详细标准和责任部门，这些都有助于思政课教师队伍建设更为规范、有章可循，在推进思政课教师队伍有序、长远发展中意义重大。

在这一时期，学科建设上的突破为思政课教师队伍建设提供了有力的学科支撑。特别是2005年增设马克思主义理论一级学科后，既有助于推进马克思主义理论体系的研究，也有助于培养大量高学历的思政课师资。同时，思政课教师积极参与马克思主义理论学科建设，通过对马克思主义基本理论的研究，加强对我国改革开放和社会主义现代化建设进程中的前沿问题和实际问题的研究，对思政课教学中的热点难点问题研究，以及在创新把握教学规律和创新方式方法上的研究等，都有助于思政课教师教学能力与水平的提升，使他们在课堂教学中能更好遵循教育教学规律和学生身心发展特点，能更好回应时代和实际所提出的重大理论与实践问题，也能更好避免自己的思政课堂缺乏思想性和学理性。

---

❶《中华人民共和国学校思想政治理论课重要文献选编》编写组．中华人民共和国学校思想政治理论课重要文献选编[M]．北京：人民出版社，2022：859.

❷《中华人民共和国学校思想政治理论课重要文献选编》编写组．中华人民共和国学校思想政治理论课重要文献选编[M]．北京：人民出版社，2022：902.

❸《中华人民共和国学校思想政治理论课重要文献选编》编写组．中华人民共和国学校思想政治理论课重要文献选编[M]．北京：人民出版社，2022：902.

❹《中华人民共和国学校思想政治理论课重要文献选编》编写组．中华人民共和国学校思想政治理论课重要文献选编[M]．北京：人民出版社，2022：1278.

在这一阶段，对于之前思政课教师队伍建设中的一些好的做法和成功经验，继续坚持实施并不断推进，包括理论联系实际、文献阅读方面的政策倾斜，以及科学研究能力方面的要求等。同时，在这一阶段，还提出要将思政课教师队伍建设"纳入教育事业发展和人才队伍建设的总体规划，加强领导，统筹安排"❶，这无疑有助于推进思政课教师队伍的长远、有序和持续发展。

三、新时代的思政课教师队伍建设

纵观党的十八大以来思政课教师队伍的建设历程，紧紧围绕立德树人这条主线，下面以相关重要会议的召开和习近平总书记重要讲话为时间节点，将其分为以下三个时间段进行分析。

一是从2012年11月至2015年。在党的十八大提出"把立德树人作为教育的根本任务"后，思政课教师队伍建设的重要性更为凸显。立德先立师，这一阶段思政课教师队伍建设主要围绕严把政治关、突出师德建设、提升业务能力等几个方面开展，使这支队伍能够"让党放心"，同时也能"让学生满意"。2015年，在教育部印发的《高等学校思想政治理论课建设标准》（以下简称《标准》）中，对思政课教师的政治方向和师德师风都做出了明确要求。同时，对于如何提升思政课教师队伍的业务能力，《标准》在思政课教师的培养培训方面也做了十分具体的制度安排。再如，在2013年教育部印发的《普通高等学校思想政治理论课教师队伍培养规划（2013—2017年）》（以下简称《规划》）中，建设目标里同样提到了坚持正确方向，以及师德高尚这样的要求。《规划》更是从培训、项目资助，以及宣传等方面，为思政课教师队伍业务能力提升提供全方面支持。

总体来看，这一阶段思政课教师队伍建设的高标准、严要求特征十分明显，随着教育部《标准》和《规划》的出台，思政课教师队伍建设也更为规范化。

二是从2016—2018年。2016年12月，全国高校思想政治工作会议召开，习近平总书记强调，要坚持把立德树人作为中心环节，把思想政治工作贯穿教育教学的全过程。此次会议有助于人们更加充分地认识到，做好思想政治工作，不只是思政课的事，也不只是思政课教师的责任，其他课程也要与思政课同向同

❶《中华人民共和国学校思想政治理论课重要文献选编》编写组．中华人民共和国学校思想政治理论课重要文献选编[M]．北京：人民出版社，2022：1277.

行。2017年10月,党的十九大报告作出了"中国特色社会主义进入新时代"的重大判断。新时代对思政课教师提出了更高的要求,2018年教育部印发《新时代高校思想政治理论课教学工作基本要求》,在备课、教学纪律,以及教学方法、考核与评价等各方面,都对思政课教师提出了要求。

这一时期十分重视从整体上推进思想政治工作队伍建设,有助于思政课教师与其他课程教师,以及校外党政干部等结成育人共同体,促进各方与思政课教师协同育人的良好氛围的形成。同时,在新时代,思政课教师队伍建设需要符合时代发展的要求,担负培育时代新人之重任,思政课教师队伍建设的时代性和全局性要求更加突出。

三是从2019年至今。2019年3月,习近平总书记在学校思想政治理论课教师座谈会上发表的重要讲话,深刻阐明了思政课教师队伍建设的一系列重大理论问题,其中,通过"思想政治理论课是落实立德树人根本任务的关键课程""办好思想政治理论课关键在教师"等一系列重要论述,深刻揭示了思政课、思政课教师与立德树人之间的逻辑关联。此后,《关于加强新时代中小学思想政治理论课教师队伍建设的意见》(以下简称《意见》)于2019年9月印发,教育部《新时代高等学校思想政治理论课教师队伍建设规定》(以下简称《规定》)自2020年3月1日起施行。其中《规定》对思政课教师的职责要求、队伍管理、考核评价等众多方面都作了明确规定,对推进新时代思政课教师队伍建设具有巨大的指导意义。

经过前面两个阶段的探索,这一阶段思政课教师队伍建设的经验更为丰富,制度更为完善,成效也加速显现。其间出台的《意见》和《规定》,分别为中小学和高校思政课教师队伍建设给予指导,遵循中小学和高校思政课教师各自的发展规律,既体现了很强的针对性,也呈现出了中小学和高校思政课教师队伍建设"一盘棋"的新局面。

第五节　思政课教师队伍建设的经验总结

一、坚持党的领导

只有坚持党的领导,才能更好把握住思政课教师队伍建设的方向。中华人民共和国成立以来,我国一直十分注重在思政课教师队伍建设中加强党的领导。例如,要求高校党委书记和校长在政治课建设中担起政治责任和领导责任,要关心思政课教师队伍建设,包括联系一线思政课教师,带头进思政课课堂听课、讲课,积极参与重要思政课教研活动等。对于思政课教师来说,要坚持党的领导,就必须与党中央保持一致,积极宣传党的路线方针政策。地方各级党委也要关心思政课教师队伍建设,要研究思政课建设的突出问题,在队伍建设方面要积极采取有效的应对措施,可以通过建立特聘教师制度等,选聘地方党政领导干部参与思政课教学中。同时,也需要为思政课教师更好地了解党中央的最新精神创造条件,如在文件的阅读和报告的听传达方面,我国也一直坚持为思政课教师提供条件。要不断完善党领导思政课教师队伍建设的相关制度,在学校教师队伍发展规划中要优先保障思政课教师队伍建设。在人才选配上,新任职的专职教师原则上要求为中共党员。思政课教师既要加强自身党性锻炼,加强马克思主义理论学习,不断提高自身的政治觉悟和政治能力,坚定自身理想信念,把自身的工作与党的事业紧密联系,对党忠诚,勇于担当,也要教育引导学生关注和了解党的路线方针政策和中央的重大决策部署。要善于用党领导人民开展的革命、建设、改革的光辉历程和伟大成就来引导教育学生,激发学生的知党爱党的热情,增进学生对党的情感认同,使他们能自觉把自己的人生理想和奋斗目标融入党和人民的伟大事业之中。

二、坚持理论联系实际

作为党的三大优良作风之一,理论联系实际也是思政课教师队伍建设必须坚持的宝贵经验。纵观思政课教师队伍建设的历程,理论联系实际一直受到高度关注。思政课教师要坚持理论联系实际,首先要加强理论学习,把马克思主义理论学透弄通,掌握好马克思主义这一强大思想武器。然后,要善于运用这一武器,去分析和解决实际问题。要坚持理论联系实际,就需要坚持问题导向,要紧紧立足于社会实际,用理论指导实践,让学到的知识运用到实践当中,同时在理论的运用中增进对理论的理解和认同。思政课教师要走出课堂,走出校园,走向社会,在实践中锻炼和提升自我;要了解学生的思想实际,掌握好他们的知识积累情况、兴趣爱好、生活状况和实际需求；还要了解学生普遍关注和关心的热点问题等。要了解实际，了解社会，熟悉世情、党情和国情，也要研究社会现实问题，特别要关注和研究改革开放和社会主义现代化建设进程中的重大现实问题，还要增强分析和解决各种实际问题的本领。要坚持理论联系实际，必须要把"实际"搞清楚，而这离不开调查研究。从思政课教师队伍建设历程看，我国一以贯之地鼓励思政课教师积极开展调查研究。只有扑下身子、迈开步子，深入调查，积极实践，才能全面、真实把握实际情况，了解问题所在，才能更好针对问题想出相应的办法。思政课教师只有通过调查，才能更好把握学生的思想状况和社会实际，并在此基础上开展有针对性的教学，让教学内容更加贴近学生，贴近生活，以提升课堂教学效果，提升运用所学知识分析和解决实际问题的能力。思政课教师还要善于从社会生活中，从党领导人民所开展的伟大实践中，汲取鲜活教学素材，使课堂教学与现实生活紧密结合，与实践充分互动，才能让课堂鲜活起来，变得更为生动。

三、坚持协同推进

思政课教师队伍建设涉及方方面面，从队伍建设主体看，既包括了党和政府、学校、社会和大众传媒等各方共同关心思政课教师的发展，协同推进；还包括教师自身，要积极参与队伍建设中，推动自我发展。教师要上好思政课，更好完成自身所肩负的责任和使命，需要各方积极配合。特别是面对当前复杂环境的影响，更是需要创造良好的育人环境，这样才能有助于课堂教学效果的提升。同时，也需要党政领导干部、社科专家、各行各业涌现的先进代表与模范人物等积极支持思政课教师，与思政课教师组成优势互补的育人共同体。

四、坚持教书和育人相结合

思政课教师不仅要注重知识传授，通过考试等方式了解学生是否"知道"我们所教授的内容，思政课作为立德树人关键课程，思政课教师还要发挥自身关键作用，坚持德育为先，注重学生良好品德的培育，通过自己的课堂来塑造人、改变人和发展人。因而,思政课教师不仅要关注学生是否“知道”了,而且要关注他们是否真正内化于心,外化于行。对于学生的考核,也要重视过程考核和平时表现,看学生思想的实际转变状况。在我国思政课教师队伍建设历程中,一直十分重视教书和育人相结合,在对教师的考核评价上,也十分重视教师“转变学生思想的本领”。思政课教师不仅要向学生传授书本上的知识,而且要帮助他们确立起科学的世界观、人生观和价值观,引导他们追求真善美,以更好推进他们的全面发展。在教学中,教师不能只管教授书本中的知识,重视学生成绩,而忽视了学生品行,以及他们思想的实际转变情况。

五、坚持育人和育己相结合

思政课教师要教育引导学生,就要先让自己受教育,严格地要求自己,经常反思自我,不断提升自我思想政治素质和能力水平,坚定理想信念,能为学生做好表率。“信仰是人生的精神支柱,能够给予人们心灵的寄托和归属感。”[1]思政课不仅要教授学生知识,而且还必须引导学生树立坚定的马克思主义信仰。而要引导学生树立坚定的马克思主义信仰,教师首先必须让自己的信仰立起来,让自己真正成为坚定的马克思主义信仰者。在党领导人民进行革命、建设和改革的过程中,许多共产党人用生命和汗水追求信仰,捍卫信仰,他们的感人事迹书写着他们对信仰的坚守,感染和激励着一代又一代人,这也同时体现了马克思主义信仰的巨大力量。只有自己有信仰,才能讲得有底气,有感染力。要用马克思主义理论说服学生,引导学生,教师首先必须提升自身的理论素养,把马克思主义理论学深、学透,并自觉运用马克思主义的立场、观点和方法来分析和解决问题,做到真学、真懂、真信、真用,才能更好增进学生对马克思主义的认知和认同。对于思政课教师来说,要帮助学生确立起正确的世界观、人生观和价值观,引导学生追求崇高理想,克服不良思想倾向,首先自身要牢固树立起马克思主义“三观”,自觉践行社会主义核心价值观。同时,教师自身要厚植家国情怀,热爱学生,热爱教育,这样才能更好地以情动情,用自己的真心真情打动学生、影响学生、感染学生,以更好培育学生的爱党、爱国、爱人民之情感。同样,教师只有严

[1]《思想政治教育学原理》编写组. 思想政治教育学原理[M]. 北京:高等教育出版社,2016:143.

格要求自己，具有高尚的师德和独特的个人魅力才能够在无形之中影响和熏陶学生，有助于学生沿着正确的方向茁壮成长。

六、坚持一般和特殊相结合

思政课教师作为教师队伍的重要组成部分，需要和其他教师一样，具备相应的沟通、表达等能力，也应当具有一般教学技术和能力，遵守教师职业道德规范，遵守学校的教学管理制度，掌握教育学、心理学等学科的相关知识。同时，思政课教师作为一支特殊的队伍，对其也有相应的更具针对性的要求。如思政课教师相对其他课程教师来说，有更强的党性要求，在人员选聘时原则上要求新任教师应是中共党员；思政课教师要对学生开展系统的马克思主义及其中国化创新理论的教育，自身必须有坚定的马克思主义信仰，对马克思主义世界观和方法论的理解要透彻，并善于运用其来解决和分析问题；思政课具有鲜明的政治性，要求思政课教师必须政治立场坚定，对党的路线、方针和政策的理解能力要强，要具有政治敏锐性和政治鉴别力；由于思政课教学内容涉及广泛，思政课教师要有宽广的视野，广博的学识，这就要求思政课教师除了掌握专业知识外，还必须掌握政治学、伦理学、人才学等众多相关学科的知识。思政课教师需要转变学生思想，解决学生思想认识上的问题，使学生的思想水平、政治觉悟、道德品质和文化素养得到提升。而学生思想的变化不仅发生在课堂内，还发生在课外、校外，也发生在其他课程教学中，因而，上好思政课不仅仅是思政课教师的事，还需要其他课程的教师、学生辅导员、班主任等校内校外各方育人力量积极参与，共同配合思政课教师的教学，以实现教学目标。也正是如此，在思政课教师的相关研究成果中，正如引论中所列数据所体现的，“协同育人”已然成为学界关心和研究的思政课教师的热点主题之一。

七、其他方面的经验

除以上这些方面外，思政课教师队伍建设历程中还有其他很多值得坚持的宝贵经验，如充分发挥各类与思政课相关的基金、人才项目的带动作用。从教育部的全国高校优秀中青年思想政治理论课教师择优资助计划、高校思想政治理论课骨干教师国内高级访问学者资助项目，到设立教育部高校思想政治理论课教师研究专项和国家社科基金高校思想政治理论课研究专项，在促进思政课教师的成长中起到了巨大带动作用。特别是国家社会科学基金高校思想政治理论课研究专项资助的研究成果，正如引论部分所示，从2019年开始呈现明显加速增长趋势，在各类资助的研究成果中出版的数量遥遥领先，这些研究成果围绕思政课所关注的理论热点和教学难点等开展了深入的研究。思政课教师需要积极汲取有利于自身提升理论素养、教学能力和水平的研究成果，以推动自我更好发展。再如坚持教师队伍建设与学科建设相结合，使两者相辅相成、相互促进，以及重视思政课教师队伍建设的制度化和思政课教师队伍的稳定等，这些都是我国思政课教师队伍建设的宝贵经验。

第二章 新时代思政课教师队伍建设的理论依据

新时代思政课教师队伍建设需要有相应的理论支撑。需要对马克思恩格斯列宁及我国领导人的相关理论论述进行系统研究和深入挖掘，为思政课教师队伍建设提供深厚的理论基础。要做好传统教育思想的批判借鉴，继承其中优秀部分，也要充分借鉴教育学、心理学、人才学、社会学等学科的理论研究成果，以便更好地对新时代的思政课教师队伍建设作出多学科、多视角的解析。

第一节 理论基础：马克思恩格斯列宁及我国领导人的相关理论论述

一、马克思恩格斯列宁的相关论述

马克思恩格斯列宁的相关论述是马克思主义理论精髓和精神实质的表现，对思政课教师队伍建设具有巨大指导意义，有助于更好把握思政课教师队伍建设方向，揭示思政课教师队伍成长规律，以及提供方法论上的指导等，是思政课教师队伍建设中珍贵的思想宝库。

马克思和恩格斯揭示了资本主义必将被社会主义所取代的人类历史发展规律，这也为思政课教师队伍建设指明了努力方向。"资产阶级的灭亡和无产阶级的胜利是同样不可避免的"[1]，但这一过程必然是漫长且曲折的，而不是一蹴而就的，需要一代又一代人的共同努力。因此，在这一过程中，每个人都应充分发挥自身优势，脚踏实地做好自身工作，为实现共产主义理想贡献自身力量。当前，我国虽已全面建成小康社会，但目前我们仍处于社会主义初级阶段，我国是发展中国家的地位也没有变。这不仅需要通过社会主义现代化建设进行物质财富的

[1] 马克思，恩格斯．共产党宣言[M]．北京：人民出版社，2018：40.

创造和积累，来达成“社会的物质财富极大丰富”这一条件，而且还需要人们道德素养与精神境界的极大提升。思政课教师要充分认识到所承担的责任和使命。思政课教师在时代新人的培养和成长中肩负重任，要加强思政课教师队伍建设，充分发挥思政课教师的“引路人”作用，培育学生的精神素养，引导他们坚定理想信念，勇担大任。

马克思和恩格斯关于人的全面发展学说是整个马克思主义理论体系的重要组成部分，也是思政课教师队伍建设的重要理论依据。马克思和恩格斯关于人的全面发展的相关论述极为丰富，涉及人的活动、社会关系的全面发展等方面。马克思、恩格斯十分关注人的全面发展，指出了旧的社会分工导致人的片面和畸形发展，对资本主义生产关系下的自由劳动被异化、人的个性被束缚进行了批判，认为只有彻底消灭了限制人的全面发展的资本主义生产关系，到共产主义社会，才能“以每个人的全面而自由的发展为基本原则”[1]，真正实现人的全面发展。我国作为社会主义国家，继承了马克思和恩格斯关于人的全面发展的理论学说，并以此作为我国教育方针的理论基础，努力致力于培养德智体美劳全面发展的社会主义建设者和接班人。思政课教师队伍建设也应坚持马克思主义关于人的全面发展理论，努力提升思政课教师队伍的能力和素养，遵循马克思和恩格斯所揭示的人的全面发展规律，以更好引导学生德智体美劳全面发展。而要想学生成为全面发展的人，思政课教师首先要努力推进自身的全面发展。要培养学生高尚的道德情操和崇高的思想境界，思政课教师首先要努力坚持修身立德，不断促进自我人格的完善和全面发展，以自身的高尚品德为学生的人格完善和全面发展引路；要培育学生的审美情趣，教师首先要提升自我审美素养，增强引领学生审美方向的责任和能力，使学生能更好地抵制低俗、庸俗和媚俗等不良审美倾向，能为学生的健康、全面发展提供丰富的精神食粮……思政课教师要认真学习和深入理解马克思、恩格斯关于人的全面发展的相关论述，以其所揭示的规律和对人的全面发展趋势的预测为指导，自觉将其运用于课堂教学实践中，以更好促进学生的人格完善和全面发展。

马克思、恩格斯关于人与环境关系的论述，对于思政课教师队伍建设具有重

[1] 马克思恩格斯全集(第23卷)[M].北京：人民出版社，2016：649.

要的指导意义。马克思和恩格斯在《德意志意识形态》中指出:“人创造环境,同样,环境也创造人。”[1]人是环境中的人,任何人的成长都离不开一定的环境,包括自然环境和社会环境。思政课教师同样是在一定自然环境条件和既定的社会历史条件下成长的,会留下时代的烙印。中国特色社会主义进入新时代,为思政课教师队伍建设提供了难得的新机遇。当前,党和国家对思政课教师队伍建设的重视,社会各界对思政课教师的关心,都为思政课教师的成长提供了很好的发展条件。同时,信息技术的快速发展也给思政课教师的思想观念、教学手段和方法的改革产生了深刻影响。思政课教师要紧紧抓住外部环境中的有利因素,积极发展和提升自我。此外,马克思一方面肯定了环境对于人的制约和影响,但另一方面又对环境决定论进行了批判,认为其片面夸大环境对人的决定作用,只看到人是环境的产物,而没有看到人的能动作用,不知“环境正是由人来改变的”[2]。思政课教师要正确理解马克思关于人与环境的相关论述,既要看到环境对于自身成长的制约和影响,也要积极发挥自身能动性,既要积极把握有利条件,也要努力克服不利环境影响。碰到不利环境,要积极发挥主动性和创造性,敢于迎难而上,自强不息,努力克服和消除不利环境因素的消极影响。这有助于思政课教师更好认识到自身的能动作用,启示他们要发挥自身主动性和积极性。马克思指出:“环境的改变和人的活动的一致,只能被看做是并合理地理解为变革的实践。”[3]这要求思政课教师积极参与到中国特色社会主义伟大实践中,在实践中锻炼自己,开阔视野,提高能力和觉悟,在为全面建成社会主义现代化强国作出贡献的同时,也使自身得到提升。

马克思、恩格斯还有很多其他论述,对于当前思政课教师队伍建设具有十分重要的指导意义。例如,马克思和恩格斯十分重视实践,从研究人类最基本的实践活动——生产实践出发,“在劳动发展史中找到了理解全部社会史的锁钥的新派别”。[4]在马克思那里,人的本质力量在实践基础上才能得以充分确证,“在我

[1] 马克思恩格斯文集(第1卷)[M].北京:人民出版社,2009:545.

[2] 中共中央马克思恩格斯列宁斯大林著作编译局.马克思恩格斯文集(第1卷)[M].北京:人民出版社,2009:504.

[3] 马克思恩格斯选集(第1卷)[M].北京:人民出版社,2012:138.

[4] 马克思恩格斯选集(第4卷)[M].北京:人民出版社,2012:265.

个人的活动中,我直接证实和实现了我的真正的本质,即我的人的本质,我的社会的本质”。[1]人在实践中不断丰富、完善和发展自我。“实践既创造了一个有利于人自身生存和发展的外部环境,为人的生存和发展提供了物质保障,还改造了人自身,提高了人的素质。”[2]因而,如果没有实践活动,人的本质力量就无法得以展现,人的自我完善和发展更无从说起。对于思政课教师来说,也需要积极地在实践中,特别是在努力为全面建成社会主义现代化强国、实现中国梦的伟大事业的奋斗中,发挥自身作用,彰显自身价值。同时,在这一过程中丰富自我,充实自我,提升和成就自我。恩格斯曾说:“马克思的整个世界观不是教义,而是方法。”[3]马克思的相关论述能有助于更好把握思政课教师队伍建设的质与量、外在推动与内在动因等关系,为思政课教师队伍建设剖析现状和把握未来等提供科学的根本准则和一般方法。此外,马克思对待事业与工作的态度也十分值得思政课教师学习。马克思把全部财产献给了革命事业,并对此一点不感到懊悔:“要是我重新开始生命的历程,我仍然会这样做。”[4]思政课教师对自己所从事的事业要真心热爱,深刻认识到自身所承担的历史使命和时代重任,并全身心地投入其中、奉献其中和享受其中,这样才能不负时代,不负使命,更好完成党和人民的重托与期待。

列宁十分重视思政队伍建设并要求其与党的思想保持一致。列宁在“宣传员”“鼓动员”和“政治教育工作者”等方面有许多与思政课教师队伍建设紧密相关的论述,对当前仍然具有极大指导价值与启示意义。首先,列宁十分强调党对思政队伍的领导,“每一个宣传员都属于管理和领导整个国家、领导苏维埃俄国同全世界资产阶级制度进行斗争的党”[5]。要求相关人员要坚持同党中央保持一致,积极宣传党的路线、方针和政策。“现在我们要培养出一支新的教育大军,它应该同党和党的思想保持紧密联系,贯彻党的精神,它应该把工人群众团结在自

---

[1] 马克思．1844年经济学哲学手稿[M]．三版．北京:人民出版社,2000:184．

[2] 李培湘．人的本质·素质·素质教育[M]．成都:四川人民出版社,2001:269

[3] 马克思恩格斯文集(第10卷)[M]．北京:人民出版社,2009:691.

[4] 马克思恩格斯全集(第31卷)[M]．北京:人民出版社,1972:521.

[5] 列宁选集(第4卷)[M]．北京:人民出版社,2012:306.

己的周围，以共产主义的精神教育他们，使他们关心共产党员所做的事情。”[1]这些对于新时代思政课教师队伍建设仍具有指导意义。对于思政课教师来说，在思想上和政治上必须同党中央保持高度一致，对党的路线、方针、政策和决议必须先进行反复学习和品味，吃透其中的精神实质，既要做宣讲者和传播者，也要成为模范执行者和实践者，用自身的实际行动做好示范。党的领导为思政课教师队伍建设指明了前进方向，也是思政课教师队伍建设的最坚强的信心和底气所在。

列宁指出：“所谓教育‘不问政治’，教育‘不讲政治’，都是资产阶级的伪善说法。”[2]思政课教师不仅要强化自身的政治意识，提高自身的政治站位，在自身保持政治清醒的同时，还要善于引导学生在复杂环境下能以马克思主义的立场、观点和方法看问题，使他们能明辨是非，坚定他们正确的政治方向与立场。

列宁说：“我们应该吸收数十万有用的人才来为共产主义教育服务。”[3]对于当前思政课教师队伍建设来说，同样也需要吸收千千万万各条战线的人才共同参与到时代新人的培育当中。列宁对于学校课程的“思想政治方向”高度重视，并认为这个方向完全“只能由教学人员来决定”[4]。思政课教师队伍建设，既要打造一支数量充足的、专业化的队伍，也要做好协同工作，需要建立起一支涵盖各条战线的队伍，包括家庭、学校、社会等各方力量组成的协同育人共同体，使他们与思政课教师同向同行，共同参与时代新人的培育。

列宁十分重视结合实际生活来开展宣传教育工作，这也能为思政课教师队伍建设提供方法论指导。他十分反对脱离实际生活来开展宣传教育工作，认为“训练、培养和教育要是只限于学校以内，而与沸腾的实际生活脱离，那我们是不会信赖的”。[5]思政课教师要上好思政课，真正使学生对于课堂教学感兴趣，就要关注生活，关注中国特色的伟大实践，从实践中汲取鲜活的教学素材，这样的课堂才能更加鲜活而不枯燥，才能有更好的时效性与吸引力。列宁强调要“在实践

---

[1] 列宁选集(第4卷)[M]. 北京：人民出版社，2012：305.

[2] 列宁选集(第4卷)[M]. 北京：人民出版社，2012：302.

[3] 人民教育出版社教育室. 马克思恩格斯列宁论教育[M]. 北京：人民出版社，1993：164.

[4] 人民教育出版社教育室. 马克思恩格斯列宁论教育[M]. 北京：人民出版社，1993：162.

[5] 列宁选集(第4卷)[M]. 北京：人民出版社，2012：292.

中说明应该如何建设社会主义”[1]，认为“应该首先把群众同国家经济生活的建设联系起来”。[2]当前，思政课教师也需要这样做，从多姿多彩的实际生活和波澜壮阔的中国特色社会主义伟大实践中汲取鲜活教学素材，才能更好克服脱离实际的枯燥说教，培育学生的学习兴趣，提升课堂的吸引力。

除此之外，列宁的灌输理论对于思想政治教育来说也具有重大的理论贡献。列宁批判了“自发论”，阐述了对工人群众进行科学社会主义理论灌输的必要性。其中，对于涉及的宣传员和鼓动员等灌输主体的“动笔”“动口”及其组织素养提出了要求，要求善于运用各种灌输方法与技巧，以提升灌输效果。“鼓动员应该讲得使人能听懂，他应该从听众熟悉的事物出发。”[3]这些对于思政课教师的素质能力提升仍具指导意义。列宁还高度重视教师的待遇和地位问题，对于“国民教师在没有生火的、几乎不能居住的小木房里受冻挨饿”[4]以及“像兔子一样被追逐得精疲力竭”[5]等乱象进行了激烈批判，提出要把他们的地位提高到“在资产阶级社会里从来没有、也不可能有的高度”。[6]认为不仅要振奋他们的精神，使他们具有崇高修养，同时也必须要提高他们的物质生活水平。在新时代，上好思政课，关键还是在于教师，只有加强思政课教师的队伍建设，广泛开展有关培训，在提高思政课教师的能力和素养的同时，提升他们的社会地位，振奋他们的精神，才能有助于思政课教师更好地履职和奉献，发挥他们的积极性、主动性和创造性。

二、我国领导人的相关论述

中国共产党始终坚持以马克思主义理论为指导，在长期的探索与实践中，形成了许多与思政课教师队伍建设相关的重要论述。对这些主要论述进行梳理，对新时代思政课教师队伍建设具有十分重要的指导意义。特别是党的十八大以来，习近平总书记高度重视思政课教师队伍建设，曾在学校思想政治理论课教师

---

[1] 列宁选集(第4卷)[M]. 北京：人民出版社，2012：308.

[2] 列宁选集(第4卷)[M]. 北京：人民出版社，2012：309-310.

[3] 列宁全集(第4卷)[M]. 北京：人民出版社，2012：236.

[4] 人民教育出版社教育室．马克思恩格斯列宁论教育[M]. 北京：人民出版社，1993：162.

[5] 人民教育出版社教育室．马克思恩格斯列宁论教育[M]. 北京：人民出版社，1993：163.

[6] 人民教育出版社教育室．马克思恩格斯列宁论教育[M]. 北京：人民出版社，1993：165.

座谈会上强调："要配齐建强思政课专职教师队伍，建设专职为主、专兼结合、数量充足、素质优良的思政课教师队伍。"[1]以习近平总书记在学校思想政治理论课教师座谈会、全国教育大会和全国高校思想政治工作会议等会议上的重要讲话精神为指导，整理、学习和研究习近平总书记思政课教师队伍建设的相关重要论述，能为新时代推进思政课教师队伍建设指明方向、提供根本遵循。

重视思政课教师主动性、积极性和创造性的发挥。习近平总书记指出："办好思想政治理论课关键在教师，关键在发挥教师的积极性、主动性、创造性。"[2]因而，对于思政课教师来说，需要积极作为，要有高度的责任感和使命感，努力发挥自身在课堂中的主导作用，不断提升自身的马克思主义理论修养，开阔自身视野，提升自我教学改革创新能力，主动探索和创新课堂教学方式方法，才能更好地激发学生学习兴趣，更好启迪学生，感染学生，不断提升课堂教学效果。

思政课教师要掌握说理的方式方法，善于把道理讲好。习近平总书记指出："思政课的本质是讲道理，要注重方式方法，把道理讲深、讲透、讲活。"[3]毛泽东也提出："要好好地说理。如果说理说得好，说得恰当，那是会有效力的。"[4]因而，对于思政课教师来说，要不断提升自我的说理能力和水平。要讲好道理，讲透道理，首先自身必须学好悟透马克思主义所揭示的关于自然、社会和人类思维的科学"大道理"，还要深入理解和准确把握马克思主义中国化时代化的理论成果这一被中国实践反复验证了的"硬道理"，并用生动易懂的话语，善于深入浅出地讲道理，使学生听得进，也爱听。要结合学生实际讲道理，注意进行有针对性和差异化的授课，不能"一个版本包打天下"。思政课教师只有不断提升自我理论素养，真懂、真信马克思主义理论，在讲理的时候能投入真情，并要创新讲理的方式方法，才能更好增强学生的"四个自信"。

思政课教师要善于结合社会现实上好思政课。习近平总书记指出："思政课

---

❶《中华人民共和国学校思想政治理论课重要文献选编》编写组．中华人民共和国学校思想政治理论课重要文献选编[M]．人民出版社，2022：1506.

❷《中华人民共和国学校思想政治理论课重要文献选编》编写组．中华人民共和国学校思想政治理论课重要文献选编[M]．人民出版社，2022：1505.

❸ 田丽，等．大思政课，总书记心中的一件大事[N]．人民日报，2022-05-22.

❹ 毛泽东选集(第3卷)[M]．北京：人民出版社，1991：833.

不仅应该在课堂上讲,也应该在社会生活中来讲。"[1]思政课教师需要打破课堂的时空限制,注重把课堂教学与社会现实相结合,从波澜壮阔的中国特色社会主义伟大实践中汲取鲜活教学素材,努力建构起思政课堂与社会课堂之间的联系,这样才能使课堂更具鲜活感和现实性。正如毛泽东所说:"你要有知识,你就得参加变革现实的实践。"[2]思政课教师要走出课堂,放宽视野,在实践中,认知国情,感悟真理和道理,增长本领,并积极将鲜活的实践案例吸纳到课堂教学中,才能更好回应学生的现实关切和困惑,引导学生理论联系实际,让课堂展现深厚的现实关怀。

思政课教师必须要有育人先育己的觉悟。习近平总书记指出:"传道者自己首先要明道、信道"。[3]作为思政课教师,必须自身有坚定的信念、深厚的学识和高尚的师德,这样才能更好言传身教,担负起铸魂育人、培育新人的重任。思政课教师只有严于律己,自尊、自励和自强,不断学习和成长,真正做到为人师表,才能不辜负党和人民的期望,也能让学生更加信服,还能够营造出一种"师行生效"的良好育人氛围。毛泽东也说:"因为他们是教育者,是当先生的,他们就有一个先受教育的任务。"[4]思政课教师只有自身先受教育,不断提升自我的思想觉悟、理论水平和道德素养,且能处处以身作则,才能更好地影响和引导学生不断完善自我人格,提升他们的思想道德水平。

思政课教师队伍建设离不开党的坚强领导。习近平强调:"办好中国的事情,关键在党"。[5]党对思政课教师队伍建设的高度重视和期望,使思政课教师认识到自身肩负的责任和使命的同时,也增强了思政课教师的信心和底气。党的坚强领导能为思政课教师队伍建设指明方向,提供最为坚实的支持和保障。

---

❶ 杜尚泽."大思政课"我们要善用之[N].人民日报(海外版),2021-03-07.

❷ 毛泽东选集(第1卷)[M].北京:人民出版社,1991:287.

❸ 习近平在全国高校思想政治工作会议上强调 把思想政治工作贯穿教育教学全过程 开创我国高等教育事业发展新局面[N].人民日报,2016-12-09.

❹ 毛泽东文集(第7卷)[M].北京:人民出版社,1999:270-271.

❺ 中华人民共和国学校思想政治理论课重要文献选编》编写组.中华人民共和国学校思想政治理论课重要文献选编[M].北京:人民出版社,2022:1505.

第二节 理论传承：中国传统教育思想及其借鉴意义

在我国传统教育思想中，十分强调“因材施教”，要求教师依据教育对象的实际，开展有针对性的、有差别的教学。孟子还进一步提出了五种教育人的方式，即“有如时雨化之者”“有成德者”“有达财者”“有答问者”“有私淑艾者”。[1]教育的方法多种多样，需要根据不同教育对象选取有针对性的教育方法。对于当前思政课教师来说，也有不少启示意义。思政课教师不仅要备教材，而且要注意“备学生”，即了解学生的兴趣、性格和知识基础等，要“长善救失”，特别是高校思政课教师，不同专业学生的知识结构和兴趣爱好等差异较大，不能用一种教育方法“包打天下”，必须根据不同专业、不同学生的实际情况，开展有针对性的教学，这样才能取得好的教学效果。

在我国传统教育思想中，十分重视启发诱导，教师要“循循善诱”，同时十分强调要调动学生学习和思考的主动性与积极性。孔子说：“不愤不启，不悱不发。”[2]其中讲到了“善喻”这一育人之法，对于学生要善于引导而不牵制，要鼓励他们，调动他们的积极性而不压抑，善于激发他们内在学习动力。对于思政课教师来说，要善于激发学生学习的主动性，使学生善于思考，在恰当的时候给予及时指导。

在我国传统教育思想中，十分重视“循序渐进”，认为学习不能急于求成，需要遵循一定的秩序逐步前进，不然“欲速则不达”。《学记》中也提到了“学不躐等”“不陵节而施”“豫时孙摩”。这些对于思政课教师仍然有巨大启示，特别是当前，在我国大力推进大中小学思政课一体化建设，强调循序渐进、螺旋上升地开设思政课的背景下，思政课教师要进一步提高认识，深入了解和把握好学科知识的内在逻辑体系和学生认知能力的发展顺序，使教学内容和方法符合学生的身心发展规律。同时，要使教学有一定预见性，不能只考虑到本学段、本年级的教学目标和要求，还要为学生今后的学习打好基础，做好铺垫，要有衔接意识。此

---

[1]《孟子·尽心章句上》第四十节。

[2]《礼记·学记》。

外，要在特定学段把握最佳教学时机，适时而教。习近平总书记在谈到青年价值观养成时说："这就像穿衣服扣扣子一样，如果第一粒扣子扣错了，剩余的扣子都会扣错。人生的扣子从一开始就要扣好"。[1]

我国传统教育思想十分重视通过实践获取知识，提倡"躬行实践"[2]。在我国传统教育思想中，鼓励人们通过自己的亲身实践或体验，去感受、理解和掌握知识，提出在亲身实践中来学习和增长知识。古人云："百闻不如一见。"[3]要把书中所学到的知识融入自身实践进程中去体会和感受，不断加深对所学知识和道理的理解与把握，从而增进自身能力。作为思政课教师不仅自身要积极参与实践，重视躬身实践在自身发展中的推动作用，在实践中打磨自身，锻炼能力，也在这一过程中深刻体悟和把握理论真谛，提升自我素养。同时，思政课教师还要善于引导学生躬身实践，在进行社会实践的过程中运用和深化自我所学，使他们在实践中体悟真理，追逐梦想，不断成长。

我国传统教育思想中还有许多见解对当前思政课教师队伍建设都有十分重要的指导意义。例如，"言传身教""知行合一"等，思政课教师要教他人追求真善美，首先自身要自觉摆脱和抵制假、恶、丑，只有自身表里如一，具有高尚的道德品质，给学生做好示范，才能更好地让学生在与教师的互动中受到感染，起到事半功倍的教学效果。总之，汲取我国传统教育思想中的精华，探求其与当前思政课教师队伍建设的共通元素，挖掘和阐发其理论智慧，这对于思政课教师队伍建设来说具有十分重大的价值。

第三节　理论借鉴：思政课教师队伍建设的多学科分析

一、思政课教师队伍建设的教育学视角分析

思政课教师队伍是教师队伍的重要组成部分，在建设过程中也要遵循教育

[1] 习近平．青年要自觉践行社会主义核心价值观——在北京大学师生座谈会上的讲话[N]．人民日报，2014-05-05.

[2] 秋涧全集·紫山先生易直解序。

[3] 汉书·赵充国传。

学的一般规律。积极汲取教育学的相关理论知识和我国教育发展的宝贵经验，使思政课教师队伍建设遵循教育规律，才能推进思政课教师队伍更好发展。

坚持党对教育事业的全面领导是教育事业发展的"定海神针"，思政课教师队伍的发展也需要遵循这一经验和要求。只有坚持党的全面领导，充分发挥其领导和把关作用，才能更好把握思政课教师队伍的建设方向，增强当前复杂国内外环境下思政课教师队伍建设的预见性，为思政课教师队伍建设做出科学预判和谋划，少走弯路。

教育学阐述了教育与经济、政治等关系。例如，在经济方面，教育学揭示了生产力发展在教育的内容、方法和组织形式的变革、发展中的推动作用。一方面，经济发展在推进科技发展的同时，也推动教育的革新和发展。对于思政课教师队伍建设来说，要时刻关注经济社会发展所推动的教育变革要求。在中国共产党领导下，我国不断把改革开放引向深处，抓住了解放和发展生产力的关键，在推动我国经济社会快速发展的同时，也带动了科技发展和教育变革，思政课教师队伍建设要紧紧抓住实践和时代发展带来的机遇，运用新技术、新手段，进行思政课教学改革与创新。另一方面，教育通过培育人才、提高劳动者素质、普及科技和管理知识等，也会推动经济发展。在思政课教师队伍建设中，要充分认识到自身在服务经济社会发展中的责任，主动适应我国经济社会发展和学生的需求，通过提升思政课教师队伍素养，发挥好凝心聚力、完善人格等方面的作用，在为我国全面建成社会主义现代化强国凝聚力量，为培养德、智、体、美、劳全面发展的时代新人积极发挥自身作用。教育学对教育与经济、政治方面等的关系进行了全方位的揭示，有助于思政课教师队伍建设处理好自身与经济、政治等方面之间的关系，使思政课教师队伍建设能更好服务于我国经济、政治要求。政治方面，我国实行的是社会主义教育，需要坚持社会主义办学方向，思政课教师队伍要充分认识到自身在其中的使命，努力提升自身的马克思主义素养的同时，不断提升思政课教学效果，使马克思主义成为学生成长的坚实思想武器。

教育学作为教育科学体系中的一门基础学科，学习和掌握相关理论，跟踪教育学科前沿，有助于思政课教师更好了解教育热点，及时更新教育理念，改进教学方式方法，进行教学模式改革与创新，增强课堂教学的科学性和有效性。同时，教育学中有许多有关教师队伍建设的理论知识，包括教师的作用、地位、应具备的素养，以及教师如何处理好与学生的关系、如何才能更好实现专业化发展等一系列相关理论知识，掌握这些与思政课教师队伍建设紧密相关的知识，无疑能为思政课教师队伍建设提供有力的理论支持，能让思政课教师更好认清自身的地位、责任和使命，对自身角色进行正确定位，这有助于思政课教师队伍整体素质的提升。

二、思政课教师队伍建设中的人才学理论运用

人才学揭示了人才成长和培养规律，能为思政课教师的成长成才和队伍建设提供相应的理论依据。

人才学研究了人才类型的特点，有的研究者按人才的知识结构把人才分为“—”型、“I”型、“T”型和“十”型四种类型。其中“—”表示知识面广，“I”则表示知识的深度。在这四类人才中，第一类人才，也即“—”型人才，知识面虽广，但专业知识方面掌握不够深入。第二类人才，也就是“I”型人才，与第一类刚好相反，专业知识掌握得精深，但缺乏知识面上的广度。第三类“T”型人才，有知识面上的广度，也有专业上较深入的知识积累，但相对于同样具有知识面上的广度和专业上较深入的“十”型人才来说，T型人才从字形来看少了个冒头，这个冒头是指敢于冒尖、敢于出头，具有开拓创新精神，所以“十”型相对于T型来说，是指更敢于冒尖和创新的人才。对于思政课教师队伍建设来说，其也具有启迪意义。思政课教师队伍建设中，无疑要注重培养“十”型人才。思政课教师既要学习专业知识，也要有宽广的视野。专业知识掌握越精深，对本学科的知识和技能掌握越精通，也有助于思政课教师对思政课教学中的问题进行深邃思考。“做好‘经师’，就要精通专业知识”。[1]思政课教师要传播马克思主义理论，首先自身要学习钻研马克思主义理论，把马克思主义理论学深、学透，才能更好地在课堂上娓娓道来，更好地以马克思主义立场、观点和方法解答学生的各类疑问，提升学生的理论认同。同时，思政课教学内容涉及的知识面广，内容随实践和时代的发展变化更新得快，这也要求思政课教师必须掌握广博的知识，拥有宽广的视野，政治、经济、

[1] 拓俊杰. 建设高素质专业化教师队伍[N]. 人民日报，2022-09-08.

文化和社会等领域的知识都必须涉猎，对于党的最新精神和时政热点等也必须了解，这样才能更好驾驭思政课堂。除此之外，思政课教师还要注重创新精神培育，既要善于对马克思主义理论进行深入研究，不断开辟马克思主义发展的新境界，同时也要善于进行教学方式方法与模式的改革创新，不断提升课堂教学实效。

人才学还关注人才的发现鉴别和选拔使用，既关注人才发现的方法，也研究人才的鉴别标准，以及选人和用人的原则等。借鉴相关理论，既能有助于鉴别和选拔德才兼备的人才到思政课教师队伍中来，使队伍得到充实和强化。也能运用相关理论更好地选拔思政队伍中的优秀人才，使他们脱颖而出，更好、更快地崭露头角，成长为思政名师，而不至于埋没。

人才的预测是人才学的一项重要研究内容。借鉴人才预测的相关研究成果，能够提高对思政课教师队伍发展预测的科学性，更好厘清不同时期所需的思政课教师情况，以及马克思主义理论学科下急需哪些专业、哪些层次的人才，做好规划，有序培育，以满足思政课教师队伍长期发展的要求。

人才学还揭示了人才成长和发展规律，人才的成长既是生理、心理、智力和非智力等内在因素共同作用的结果，同时也受到外在自然环境与社会环境的影响，而其中内因是根据，外因要通过内因起作用。此外，还要重视实践在人才成长和发展中所起到的决定性作用。有研究者提出人才成长和发展的综合效应论，就是人才成长和发展是以创造实践为中介的、内外诸要素相互作用的综合效应。[1]对于思政课教师队伍建设来说，必须重视激发思政课教师队伍建设的内在动力，思政课教师要主动作为，实现自我的提升和发展，而不是事事等待外在帮助和推动。同时，也要注重外在环境的影响，努力为思政课教师队伍的发展创造良好外部条件。特别是要重视创造性实践在思政课教师队伍建设中的作用，思政课教师要积极参与实践，在实践中锻炼和成长，为中国特色社会主义伟大事业贡献自身力量的同时，使自身的能力和素质也得到提升。

人才学还有其他许多值得借鉴的地方，例如人才社会承认的相关研究认为，社会舆论对人才的公开肯定，是人才成长阶段中的一个重要转折点，在使人才的

---

[1] 叶忠海．新编人才学通论[M]．北京：党建读书出版社，2013：204.

社会价值得到正式肯定的同时，也会对人才起到巨大的激励作用。因而，思政课教师队伍建设就需要重视社会对思政课教师队伍的承认和肯定，要为思政课教师的成长创造良好社会舆论环境，这能使他们在感受到社会肯定的同时，也对他们的成长起到激励作用。其他还有人才管理和开发等相关研究，也值得关注和借鉴。总的来看，人才学的有关研究成果能满足思政课教师队伍建设许多方面的理论需求，在思政课教师队伍建设中需要深入学习，并自觉遵循相应的人才发展规律，这样才能更好推进思政课教师队伍的发展。

三、思政课教师队伍建设的心理学研究成果借鉴

思政课教师作为学生心灵的塑造者，自身必须有良好的身心素质。要教育学生，引导学生，培养和完善他们的人格，磨炼他们的意志，教师自身首先要坚定意志、砥砺操守、锤炼品格。心理学作为研究人的心理现象及其规律的一门学科，掌握该学科的相关知识，无疑有助于思政课教师队伍心理健康素质的养成，使思政课教师更好地保持健康的心理状态，也能增强思政课教师的心理抗压能力，使他们面对困难而不气馁。

在心理学上，能力是一种个性心理特征。心理学十分重视能力方面的研究，揭示了能力和知识、技能的关系，知识和技能不等于能力，但又是能力的基础。知识和技能的积累有助于一个人的能力提升，而能力的高低又会影响一个人获取知识和掌握技能的效率和水平。同时，心理学的研究也表明，一个人要完成一项活动，往往不是依靠单一的能力来实现，而是需要综合运用多种能力才能成功。这些研究成果对于思政课教师队伍的能力提升有着极大的启示意义。思政课教师首先要重视知识的积累，既要重视专业知识的积累，也要有宽广的视野，注重古今中外和多学科知识的学习和借鉴，这样才能更好提升自身解决问题和分析问题的能力。但如果有了知识，而忽视了能力，不管对于思政课教师自身的发展，还是对于学生的成长来说，都是极为不利的。例如，对于思政课教师来说，如果有足够的知识积累，但表达能力差，必定会影响课堂教学效果。对于学生来说，如果在课堂教学过程中只重视知识的传授，而忽视能力的培养，会导致学生知识运用能力和分析、解决问题能力差，甚至出现高知低能的情况。同时，想提

升课堂教学效果,思政课教师要提升和锻炼自身多种能力,要善于综合运用多种能力实现教学目标,例如,语言表达能力,课堂的组织管理能力,观察和应变能力等,这种能力的综合运用是思政课教师的才能。

情绪和情感作为人的心理现象,心理学有十分丰富的研究成果。对于思政课教师来说,必须具备相应的情感素养和情绪素养。要上好思政课,不仅需要“以理服人”,而且还需要以情感人、以情育人,这样的课堂才能更具感染力。心理学上的研究成果表明,保持良好的情绪,如适时、适度、适宜地兴奋和紧张,能对人的活动起到激励作用,提高人的活动效率。借鉴相关研究成果,提升思政课教师队伍的情绪素养,让他们学会情绪的自我管理和调节,让自身处于最佳工作状态,能有效提高工作效率。思政课教师的情绪素养不仅体现在自我情绪调节方面,还包括关注和调适学生情绪状态方面。学生情绪处于积极乐观状态,例如,适度的愉悦情绪,有助于学生提升课堂知识接受效果。相反,学生处于失望、焦虑等消极情绪状态下,则会影响教学效果。因此,思政课教师要善于观察和分析学生的情绪状态,当学生情绪状态不佳时,还要善于开导学生,疏导学生的不良情绪。对于情绪和情感,心理学还十分注重其信号传递功能,即在人际间的信息传递和思想沟通功能,特别是对于情绪和情感的外部表现——表情,进行了研究。思政课教师在课堂教学中,善于运用面部、姿态和语调等表情,例如,用一个微笑以示赞赏,能使课堂更加生动、温暖,起到“此时无声胜有声”的效果。此外,在思政课教师队伍建设中,还要重视培育思政课教师的使命感、责任感以及职业荣誉感等积极情感。

心理学关于教师心理的相关研究,能为思政课教师的发展提供理论借鉴。例如,关于角色、胜任力、教学效能感等方面的研究,能为思政课教师找准角色定位,以及反思自身的专业知识、技能、态度和价值观等是否能够胜任思政课教师这一岗位提供理论支持。教学效能感的相关研究成果表明,教学效能感会对教师发展众多方面产生影响,包括教师自身的努力程度、课程教学的反思意愿以及教学中的精神状态等方面都会产生影响。不仅如此,教学效能感通过影响教师的行为进而会对学生的自我效能感产生影响,从而影响学生的学习效果。从心理学的相关研究看,自我效能感的影响因素可分为外部环境影响因素和教师自身影响因素两个方面。因此，要提高思政课教师的自我效能感，促进思政课教师队伍发展，一方面要通过优化社会环境，形成全社会关心、重视、尊重思政课教师的良好社会氛围，以及学校通过改善思政课教师工作条件等，来创造良好的外部环境。另一方面，思政课教师需要通过加强学习，掌握教师心理的相关知识，认识到提升自我效能感的意义和自觉性；也要善于学会自我调适，要有上好思政课的信心，通过不断学习，及时总结和反思等来优化自身影响因素。此外，还有关于教师胜任力的相关研究，也很有借鉴意义。教师心理的相关研究普遍认为，教师胜任力除了专业知识和技能方面外，更重要的是还要有专业态度和正确的价值观。有研究者指出，专业知识和技能是“胜任者基础素质的要求”，社会角色、自我概念以及动机等才是“区分表现优异者与表现平平者的关键因素”。[1]对于思政课教师队伍建设来说，一方面，要重视他们对于马克思主义理论的相关知识和教学管理方面的技能提升；另一方面，需要关注他们的职业态度，提升他们的职业认同感，激发他们的职业荣誉感，使他们牢记自身所担负的职责和使命，把铸魂育人的事业进行到底。

心理学还有许多值得借鉴的研究成果，对于思政课教师队伍的建设具有重要意义。例如，认知理论关于注意和记忆等方面的研究，能提升思政课教师对注意和记忆规律的理解和运用，使学生在思政课课堂上能够更好集中注意力，改善和提高学生对课程重要知识点的记忆效果，进而提升教学效果等。而对心理发展基本规律的揭示，能为思政课教师掌握不同年龄阶段学生的身心特点，开展有针对性的教学提供理论依据。还有像关于品德心理的相关理论，不仅揭示了品德的心理结构，如道德认识、道德情感、道德意志和道德行为，而且就如何从知、情、意、行方面开展优良道德品质的培养问题展开探索和研究，这些研究成果，无论对思政课教师队伍优良道德品质的培养，还是思政课教师运用相关理论培育学生优良道德品质都是十分有意义的。可见，借鉴心理学的相关研究成果，不仅能有助于思政课教师队伍的身心健康发展，还能为思政课教师上好思政课，提升课堂教学效果提供不少理论支持。

---

[1] 姚本先．心理学［M］．二版．北京：高等教育出版社，2009：368.

四、传播学、社会学等其他相关学科理论的借鉴

除了以上学科之外，还有其他许多相关学科的知识对于思政课教师队伍建设也具有重要借鉴意义。

传播学是与思政课教师队伍建设紧密相关的学科，思政课教师从传播学视角看，是传播者，还是职业传播者，更是马克思主义理论的坚定传播者。因而，思政课教师在传播知识、传播思想、传播真理的过程中无疑需要遵循相应的传播规律。思政课教师队伍掌握相应的传播学理论，具备必要的传播素养，能有效地提升课堂教学质量。传播学在传播技巧方面的研究成果值得关注，思政课教师队伍如果能掌握传播技巧，就能更加有效地进行相关知识、思想和情感等传播。传播学所讨论的传播技巧很多，有组构技巧，像关于采用首位法还是新奇法、明示法还是暗示法等开展传播活动的探讨；有论证技巧，像引证法、印证法等。这里还要特别关注与思政课教师相关的鼓动技巧、传递技巧和抗御技巧等。其中的抗御技巧，对当前复杂环境下如何抵御各种不良思潮和价值观的侵蚀具有重要意义。传播学还研究受传者怎么样才能更愿意接受传播者的思想和观点。传播学研究表明，受传者感受到传播者与自己有相似或相同之处，容易将其视为“自己人”，产生“自己人”效应。一旦受传者形成“自己人”效应，则会大大提升传播效果。对此，思政课教师要善于寻找与学生兴趣、经历等方面的相通点，以更好激发“自己人”效应，提升学生接受效果。而“名片效应”则显示，如果传播者先向受传者传播一些他们熟悉或者相近的思想观念，这样能拉近双方的距离，然后再将自己所要传播的思想或观点渗透其中，就会让受传者觉得传播者所传播的思想观念与他们原先持有的相似，使受传者更易接受，产生“名片效应”。对此，在课堂教学中，思政课教师要善于在了解和掌握学生已经学习了哪些知识或认同哪些思想观念等的基础上，与学生达成一致的见解，然后再适时传授自己所主张的思想或观点，则能起到事半功倍的教学效果。

社会学的理论研究成果十分丰富，涵盖了社会思潮、社会交往和社会组织等众多与思政课教师队伍建设相关方面的研究，其中包括青年问题、就业问题等社会热点问题，这些也是思政课教学中经常涉及的问题。同时，社会学经常采用的一些社会调研方法和统计分析方法，对于思政课教师来说，也非常值得学习。思

政课教师具备相应的社会学理论基础，掌握相关的社会调查研究方法，既有利于思政课教师深入把握社会现象的本质和规律，能对社会热点问题进行科学、深入的分析和解读，也有利于提升思政课教师队伍的调查研究能力。

除此之外，还有其他不少与思政课教师队伍建设有关的学科，都需要去关注，借鉴相关研究成果，以更好推进思政课教师队伍建设。例如，掌握伦理学的知识有助于思政课教师更好遵循职业道德，养成良好道德品质；而管理学的研究成果则无疑能为思政课教师队伍管理提供许多理论支持等。

第三章 新时代思政课教师队伍建设的“机”与“势”

“思政课作用不可替代，思政课教师队伍责任重大”。[1]当前，思政课教师队伍建设受到高度重视。特别是党的十八大以来，习近平总书记就思政课教师队伍建设发表了一系列重要论述，对思政课教师提出了殷切期望，深刻阐明了思政课教师队伍建设的一系列重大问题，为做好新时代思政课教师队伍建设提供了有力的理论支撑和思想引领。相关部门也先后出台了一系列支持思政课教师队伍建设的指导意见和政策文件，这不仅在实践中有力地推进了思政课教师队伍的发展，也极大深化了对新时代思政课教师队伍建设规律和特点的认识。在新时代，面对党和国家对思政课教师提出的新要求，社会各界对思政课教师的高度关切，以及思政课建设中“教师选配和培养工作还存在短板，队伍结构还要优化，整体素质还要提升”[2]等现实问题，需要对新时代思政课教师队伍建设的宝贵经验进行总结和提炼，认真分析其中的发展机遇和呈现出的值得关注的鲜明发展趋势，揭示其中的规律性，并努力将其转化为推动新时代思政课教师队伍建设的有效措施和具体行动，这在当前显得极为紧迫而又意义重大。

第一节 新时代思政课教师队伍建设的“机”

党的十八大以来，思政课教师队伍建设迎来了非常难得的发展机遇。“机遇不仅是‘机’更是‘遇’，抓住了、用好了，才不负时代的馈赠、历史的青睐。”[3]在以习近平同志为核心的党中央的重视下，思政课教师铸魂育人的动力和热情被充分激发。我国经济社会发展取得的巨大成就进一步坚定了广大师生的信心，为思政课教师理直气壮开好思政课提供了有力支撑。马克思主义理论学科的快速

---

❶ 习近平．习近平谈治国理政（第三卷）［M］．北京：外文出版社，2020：329．

❷ 习近平．思政课是落实立德树人根本任务的关键课程［J］．求是，2020（17）．

❸ 宣言．紧紧抓住大有可为的历史机遇期［N］．光明日报，2018-01-15．

发展，社会支持体系的不断完善，党的坚强领导提供的根本保障，这些都为思政课教师队伍建设创造了难得的发展机遇。只有认真洞察和牢牢抓住时代发展所提供的这些难得的发展机遇，因“机”而发，才能更好推进思政课教师队伍发展。

一、新时代，中国特色社会主义伟大实践不断推进，为思政课教师队伍建设提供了坚实的现实基础

党的十八大以来的伟大实践和成就，有力地印证了中国特色社会主义道路的正确性与理论的科学性，彰显出了我国制度上的显著优势和文化上的先进性，中国人民的精神面貌也发生了巨大变化，青少年更加自信，思政课教师也更有底气和信心上好思政课。中国特色社会主义伟大实践和成就为思政课教师的发展创造了难得的机遇，思政课教师要关注党和人民的伟大实践，既要从中汲取养分，来丰富自己的思想，坚定自身的信仰，也要用实践中彰显的中国特色社会主义道路、理论、制度和文化上的“好”，来丰富教学内容，坚定学生的“四个自信”。“实践提供了机会和平台，使知识得到运用，能力受到检验。”[1]思政课教师也只有与当前中国的伟大实践进行更多“亲密接触”，到社会实践中去领悟和运用理论，通过社会熔炉“接地气”的锻造，进一步深化对思想理论的精髓及其实践要义的认识和理解，才能开阔自身眼界，不断提升课堂的说服力与吸引力。党的十八大以来，思政课教师队伍建设也越来越从战略和全局的高度加以认识和推进。面对伟大实践不断推进所带来的这些机遇，思政课教师要主动增强自我的主体意识和使命意识，关注实践发展动态和实践需要，自觉融入党和人民的伟大实践中，积极担负起时代新人培育之重任。

二、新时代，社会支持体系日渐完善，为思政课教师队伍建设创设了良好的社会环境

“在立德树人的战线上，学校是战场，社会同样也是我们要坚守的阵地。”[2]思政课教师队伍建设既需要思政课教师群体自身的不懈努力、勇于担当和自我提

[1]《思想政治教育学原理》编写组. 思想政治教育学原理[M]. 北京：高等教育出版社，2016：390.

[2] 光明日报评论员. 把思政课建设摆上重要议程[N]. 光明日报，2019-03-22.

升，也离不开社会各方面的有力支持。这一社会支持，既包括客观方面实际可见的、物质层面的支持，也包括主观上的、情感上的支持。党的十八大以来，一方面，思政课教师队伍建设在学习培训、项目支持、政策扶持等实际可见方面的支持力度不断加大。另一方面，从习近平总书记关于"全党全社会要弘扬尊师重教的社会风尚""让广大教师享有应有的社会声望"[1]，以及"推动形成全党全社会努力办好思政课、教师认真讲好思政课、学生积极学好思政课的良好氛围"[2]等一系列重要论述，再到出台的一系列要求主流媒体加大思政课教师宣传力度，扩大优秀思政课教师社会影响力的相关制度要求，诸如要求"积极推出优秀思政课教师传播理论成果，展示综合素质，增强社会影响力"[3]"宣传推广思政课教师队伍建设先进经验，为思政课教师发展营造良好氛围"[4]等，都有力地促进了全社会形成重视和尊重思政课教师的良好社会环境。"调动思政课教师的积极性、主动性、创造性，必须增强教师的职业认同感、荣誉感、责任感"。[5]社会的支持，可使思政课教师更好感受到被肯定、被尊重和被理解，能给思政课教师带来积极的情感体验，纾解他们的身心压力，也能有效提升他们的自信，激发他们的职业荣誉感和自豪感，有助于思政课教师更加主动、自觉地发挥自身智慧，承担自身使命。

三、新时代，马克思主义理论学科快速发展，为思政课教师队伍建设提供了有力的学科支撑

思政课教师要上好思政课，离不开理论的滋养，需要依靠学科的力量，增强自身的马克思主义理论素养，以更好解答学生的理论困惑与实际问题，在教学中能更好彰显真理的力量，以及使课堂教学更具思想性和学理性。党的十八大以

[1] 张烁．坚持中国特色社会主义教育发展道路　培养德智体美劳全面发展的社会主义建设者和接班人[N]．人民日报，2018-09-11.

[2] 习近平．思政课是落实立德树人根本任务的关键课程[J]．求是，2020(17).

[3] 中共中央办公厅　国务院办公厅印发《关于深化新时代学校思想政治理论课改革创新的若干意见》[J]．中华人民共和国国务院公报，2019(24).

[4] 教育部关于印发《普通高等学校思想政治理论课教师队伍培养规划(2019—2023年)》的通知[J]．中华人民和国教育部公报，2019(4).

[5] 习近平．思政课是落实立德树人根本任务的关键课程[J]．求是，2020(17).

来,马克思主义理论学科一级硕、博学位点数量不断增加,增设马克思主义理论本科专业的学校越来越多。马克思主义理论学科人才培养体系不断完善,学科领域不断得到拓展。同时,对马克思主义理论学科的政策支持力度也不断加大。继提出“实施马克思主义理论学科领航计划”❶之后,又提出了“切实把马克思主义理论学科建成优势学科”❷这一要求。马克思主义理论学科不仅担负本学科的研究任务,也担负着为思政课建设源源不断输送高质量、专业化人才的重任。“思想政治理论课教师建设和马克思主义理论学科队伍建设具有同构性关系”❸。马克思主义理论的学科优势能够有效转化为思政课教师队伍培养的优势,而教师队伍的发展壮大,又能有力推进马克思主义理论学科的创新发展。党的十八大以来,各方高度重视,大力推动马克思主义理论学科的优先、优势和优质发展,学科的影响力与引领力都与日俱增,这为思政课教师的队伍建设提供了有力的学科支撑。

四、新时代,相关整体规划接连出台,为思政课教师队伍持续发展提供了顶层设计

思政课教师从普通教师、教学骨干到领军人才、名家大师的成长过程,是一个思政课教师依靠内外部条件进行优势积累、不断提高素质的过程。思政课教师从一个阶段、一定的能力水平向更高层次的一步步转化和攀升,往往需要经过一定时期和一个阶段的学习、实践与积累,逐步渐进,呈现出阶段性的特征。但同时,这必然也是一个需要前后阶段交替衔接的连续性过程,在一个阶段的付出和努力,会为向下一阶段的发展准备条件。因而,思政课教师队伍建设不仅要关注眼前的、阶段性的问题,同时也需要进行整体规划。党的十八大以来,思政课教师队伍建设更加注重顶层设计,强化系统规划和整体布局,有力地推进了思政课教师队伍的持续迅猛发展。教育部在2013年印发了《普通高等学校思想政治

❶ 中办国办印发《关于进一步加强和改进新形势下高校宣传思想工作的意见》[J]. 中国高等教育,2015(Z1).

❷ 中央宣传部　教育部关于印发《普通高校思想政治理论课建设体系创新计划》的通知[J]. 中华人民共和国教育部公报,2015(9).

❸ 佘双好. 在服务思想政治理论课建设中实现马克思主义理论学科发展[J]. 理论与改革,2019(3).

理论课教师队伍培养规划（2013—2017年）》之后，2019年又印发了《普通高等学校思想政治理论课教师队伍培养规划（2019—2023年）》。《普通高等学校思想政治理论课教师队伍培养规划（2013—2017年）》和《普通高等学校思想政治理论课教师队伍培养规划（2019—2023年）》的相继出台，从培训，到项目资助，再到宣传推广等方面，既相互衔接，又随着实践的发展不断地深化和细化，为思政课教师队伍建设提供了有力的、连续的、稳定的政策支持。在建设目标上，2019年印发的《普通高等学校思想政治理论课教师队伍培养规划（2019—2023年）》更进一步地提出要培养数十名名家大师，教学骨干的培养数量则由“数千名”提升一个级别至“数万名”，可以说是进入了新的加快扩量提质的阶段。[1]2018年教育部办公厅印发通知实施高校思想政治理论课教师队伍建设专项工作中指出，要求突出“顶层设计完善思政课教师队伍建设规划。把思政课教师队伍建设纳入教育事业发展和人才队伍建设的总体规划”[2]。这些政策的相继出台，使思政课教师队伍能通过一个又一个阶段的不间断建设，实现思政课教师队伍的可持续发展。

五、新时代，党的领导持续强化，为思政课教师队伍有序发展提供了坚强底气和根本保障

思政课教师队伍建设事关全局，要系统推进思政课教师队伍建设，需要发挥党在统揽全局和协调各方中的作用，以保障思政课教师队伍建设有序推进。党的十八大以来，以习近平同志为核心的党中央，站在党和国家事业发展全局的高度，反复强调思政课教师队伍建设中党的领导的重要性。习近平总书记关于“加强党对教育工作的全面领导，是办好教育的根本保证”[3]“学校党委书记、校长要

---

❶ 教育部关于印发《普通高等学校思想政治理论课教师队伍培养规划（2019—2023年）》的通知[J].中华人民共和国教育部公报，2019(4).

❷ 教育部办公厅印发通知实施高校思想政治理论课教师队伍建设专项工作[EB/OL].(2018-04-25)[2024-03-17]. https://www.moe.gov.cn/jyb_xwfb/gzdt_gzdt/s5987/201804/t20180425_334161.html.

❸ 习近平在全国教育大会上强调　坚持中国特色社会主义教育发展道路 培养德智体美劳全面发展的社会主义建设者和接班人[N].人民日报，2018-09-11.

带头走进课堂,带头推动思政课建设,带头联系思政课教师”[1]等重要论述,为在新时代持续强化党对思政课教师队伍建设的领导和解决队伍建设中的重大问题指明了方向,明确了要求。在2019年出台的《关于深化新时代学校思想政治理论课改革创新的若干意见》中,又提出要“坚持党对思政课建设的全面领导”,并提到“加强思政课教师队伍后备人才思想政治工作,加大发展党员力度,提高党员发展质量”。[2]思政课教师队伍建设显著成效的取得,离不开党的坚强领导。坚持党对一切工作的领导是我们党领导人民获得各项事业成功的宝贵经验。通过持续不断强化党对思政课教师队伍建设的领导,有助于更好把握队伍建设方向,进一步把我国的制度优势转化为队伍建设的强大动力,能为新时代思政课教师队伍建设提供坚强底气和根本保障。

第二节　新时代思政课教师队伍建设的“势”

“势,潜在地决定和预示了事物的变化和发展方向”。[3]党的十八大以来,思政课教师队伍建设更加注重制度建设,整体性特色更加展现,精准化程度日渐提升,高标准建设趋势越发鲜明,对思政课教师队伍自我发展的要求也更加凸显。及时分析和总结党的十八大以来我国思政课教师队伍建设呈现出的这些鲜明趋势,既能进一步深化对新时代思政课教师队伍建设规律的认识,也能更好发挥思政课教师的铸魂育人作用,为推进思政课教师队伍的未来建设奠定坚实基础。

一、制度化建设加快推进

党的十八大以来,思政课教师队伍建设受到高度重视,也更加注重思政课教师队伍长期以来建设经验和规律的总结与提炼,并逐渐制度化。除前面提到的相关政策以外,还出台了《新时代学校思想政治理论课改革创新实施方案》等众多相关制度,从各个方面对队伍建设作了制度上的安排,极大地完善了相关的体

---

❶ 习近平. 思政课是落实立德树人根本任务的关键课程[J]. 求是,2020(17).

❷ 中共中央办公厅　国务院办公厅印发《关于深化新时代学校思想政治理论课改革创新的若干意见》[J]. 中华人民共和国国务院公报,2019(24).

❸ 孙业礼. 观大势,谋全局——习近平总书记系列重要讲话蕴含的一个重要思想和工作方法[N]. 北京日报,2017-02-27.

制机制。制度最为基本的就是规范功能。[1]这些相关政策的密集出台,健全了思政课教师队伍建设的制度体系,推进了队伍建设的标准化和规范化发展,为新时代思政课教师队伍建设提供了有力的制度保障。

在党的十八大以来接连出台的有关制度中,不断加大了对思政课教师的激励力度。正所谓"水激石则鸣,人激志则宏"。相关制度对思政课教师的激励效应明显。人才项目中加大倾斜支持力度、推动将思政课教师作为学校干部队伍的重要来源,[2]以及常态化选树和宣传先进典型等激励措施,催人奋进,能让思政课教师切实感受到各方的关心与支持,这也进一步激发了思政课教师的育人热情和奋斗动力。思政课教师队伍建设涉及培养、培训、考核评价和宣传推广等各方面,党的十八大以来出台的相关制度对主管教育部门、学校,以及媒体在思政课教师队伍建设中的宣传等都做了相应的规定和要求,有助于整合力量,使思政课教师队伍建设更具组织性和有序性。同时,在《新时代高等学校思想政治理论课教师队伍建设规定》等相关制度中,进一步明确了思政课教师的岗位职责与要求,既有助于思政课教师主动对照相关制度,并经常反思和提升自己,也有助于思政课教师在牢记自身职责的同时,提升职业认同感和责任心,更好履行自身的职责和使命。随着相关制度体系的不断完善,制度在思政课教师队伍建设中的推动作用也越发明显。

二、整体性特征不断加强

时代赋予思政课教师以重任,加强思政课教师队伍建设,锻造铸魂育人的关键力量,事关社会主义现代化强国建设和实现中华民族伟大复兴。思政课教师队伍建设是一项系统工程,需要高瞻远瞩、统揽全局,不能"东一榔头西一棒子"。在新时代,以习近平同志为核心的党中央,着眼党和国家事业发展的大局,对思政课教师队伍建设作出了整体谋划和顶层设计,深刻阐明了一系列相关重大理论问题,为新时代思政课教师队伍建设的整体推进指明了方向。

---

❶ 孙其昂.思想政治教育现代转型研究[M].北京:学习出版社,2015:45.

❷ 中共教育部党组关于印发《"新时代高校思想政治理论课创优行动"工作方案》的通知[J].中华人民共和国教育部公报,2019(9).

随着实践的不断推进，对思政课教师队伍建设的认识也随之不断深化，建设方向亦更为明确。从党的十八大提出“把立德树人作为教育的根本任务”，到习近平总书记关于思政课在落实立德树人根本任务中的地位与作用的一系列相关重要论述，有助于思政课教师在新时代更加清醒认识自身所肩负的重大责任和使命，为新时代思政课教师队伍建设牢牢把握“立德树人”这一根本任务，指明了前进方向。党的十八大以来，思政课教师队伍建设的整体性不断增强，越来越多的地方通过加强顶层设计，建设共享平台，以及建构常态化的交流机制等，努力打通大中小学思政课教师队伍建设中的阻隔，不断增强队伍建设的衔接性和协同性。在思政课教师队伍的培养体系上，马克思主义理论学科本硕博一体化人才培养体系加快推进。思政课教师队伍建设越来越从全局、战略的高度，全面发力，整体推进，整体性趋向日益明显。

三、精准化程度日益提升

思政课教师是教师队伍的重要组成部分，同时也是极具特殊性和重要性的一支队伍，思政课教师队伍建设需要依据这支队伍的自身特点精准发力，才能取得好的建设成效。面对教师队伍建设中存在选配和后备队伍培养的短板，不仅要大力推进马克思主义理论本硕博一体化培养体系的建设，培养壮大新生代“后备军”，还要通过“探索胜任思政课教学的党政管理干部转岗为专职思政课教师”“积极推动符合条件的辅导员参与思政课教学”和“鼓励政治素质过硬的相关学科专家转任思政课教师”[1]等措施，来实现有生力量的有效转化，为思政课教师队伍输送人才。面对思政课教师的专业化素质整体提升的需要，从优质理论资源供给、数字化技术手段融入、专项项目资助到实践锤炼等各方面联合发力，以构建起广覆盖、各类型、多层次的专业化思政课教师培训培养体系和特色化的实践锻炼项目。同时，进行考核评价体系方面的改革创新来引导教师潜心育人，以更好避免出现轻教学和轻育人等不良倾向。这些精心谋划的举措，直击痛点和难点，能更好满足新时代思政课教师的发展要求，推进教师更快成长。

---

[1] 教育部．新时代高等学校思想政治理论课教师队伍建设规定[J]．中华人民共和国国务院公报，2020(13)．

四、高标准趋向更加鲜明

"讲好思政课不容易","这样的特殊性对教师综合素质要求很高"[1]。思政课教师要在新时代担负起党和国家赋予的神圣使命,必须坚持高标准、严要求,做到"打铁必须自身硬"。习近平总书记对思政课教师提出的"六个要"的要求,既为思政课教师队伍建设提供了标准,也凝聚着总书记对思政课教师队伍建设的殷切期盼。党的十八大以来,随着师德师风建设工作不断向前推进,师德师风"制度链"不断健全,思政课教师选用机制不断完善,马克思主义理论学科加快发展,思政课教师人才培养和培训体系日渐完善,思政课教师队伍的高标准建设成效显著,整体素质得到进一步提升。特别是随着中华民族的日渐崛起,一些西方国家意图凭借其在国际话语传播体系、信息技术、综合实力等方面的优势,设置话语陷阱,以虚假的"话语面孔",极力进行西方价值观念和意识形态的渗透,这对思政课教师提升话语魅力和阐释能力,以更好应对西方话语对学生"头脑阵地"的争夺,提出了更高的要求。同时,叠加数字化浪潮、信息技术革命的深刻影响,青少年学生无时无刻不暴露在五光十色、极具诱惑性的信息场中,他们的思维方式发生了巨大变化,他们的知识容量得到了几何级的扩容,同时也对他们的辨知能力提出了新的、更高的要求。这也极大倒逼着思政课教师队伍的高标准建设要求,需要思政课教师认真学习和深刻领会习近平总书记提出的"六个要"的要求,以及习近平总书记在北京大学师生座谈会上的讲话所指出的现代化强国建设和信息化不断发展对教师队伍能力和水平提出的新要求等,努力学习和探索自我品德锤炼方法和技能提升方法,积极提高自身的话语能力、数字素养和教学技能,善于把握新时代学生的接受规律,增强教育的主动性、前瞻性和预见性,不断提升思政课的阐释力和吸引力,只有这样才能更好顺应大势,应对时代提出的挑战。

五、自主发展要求日渐凸显

思政课教师队伍建设,离不开教师自主性的发挥。思政课教师只有充分激发内生动力,注重自主提升,才能更为主动、积极地在自我发展中实现素质和能

[1] 习近平. 思政课是落实立德树人根本任务的关键课程[J]. 求是,2020(17).

力的跃升。这是思政课教师依靠内在驱动,而不是在等待外在安排和推动下,实现的主动发展和提升。习近平总书记在学校思政课教师座谈会上指出:“办好思想政治理论课关键在教师,关键在发挥教师的积极性、主动性、创造性。”[1]还提出了“自律要严”这一要求。这些都要求思政课教师在新时代要发挥好内因的关键性作用,善于激活内因,要自觉、主动,要自励、自律,为实现自我素质的自主提升提供源源不断的动力。这种自主提升活动往往是思政课教师个体依据自身发展实际情况而展开的,如基于对自身存在的短板、知识结构、教学风格和今后发展方向等分析和认识的基础上,做出有针对性地选择并进行强化理论学习,或提升教学技能,抑或是开阔视野、实践锤炼等,其有着不可替代的作用,有助于思政课教师成为自我发展的主人,展现了思政课教师在队伍建设中自身的主体性和积极性。在新时代,思政课教师也只有注重自主提升,努力获取知识,开阔视野,拓展思路,自觉提高自我的教学能力和改革创新能力,不断夯实自身的理论功底,提升自己的理论说服力和学生的获得感,才能胜任教学、科研、社会服务等各方面的改革创新工作,进而更好地赢得人们的肯定。

[1] 习近平.习近平谈治国理政(第三卷)[M].北京:外文出版社,2020:330.

第四章　新时代思政课教师的角色新发展和队伍建设新要求

思政课教师队伍建设是思政课教学质量提高、马克思主义理论学科发展的关键一环。党的十八大以来，以习近平同志为核心的党中央，高度重视思政课和思政课教师队伍建设，提出一系列新理念、新思想，包括“立德树人”“六个要”“课程思政”“大中小学思政课一体化”“大思政课”等。这也要求思政课教师尽快冲破传统教育理念的束缚，充分认识到新时代思政课教师队伍角色上的新发展和建设上的新要求，这样才能更好地跟上实践与时代发展的要求。

第一节　新时代思政课教师角色新发展

习近平总书记在全国高校思想政治工作会议上强调：“高校教师要坚持教育者先受教育，努力成为先进思想文化的传播者、党执政的坚定支持者，更好担起学生健康成长指导者和引路人的责任。”[1]基于此，新时代思政课教师应以成为“四有教师”为行为标准，做好党执政的坚定支持者；以践行“八个统一”为目标导向，做好学生成长成才的引领者；以实现“三全育人”为价值遵循，做好“金课”课堂驾驭者。

一、以“八个统一”为导向，做学生成长成才的引领者

习近平总书记在学校思想政治理论课教师座谈会上强调：“推动思想政治理论课改革创新，要不断增强思政课的思想性、理论性和亲和力、针对性。要坚持政治性和学理性相统一；坚持价值性和知识性相统一；坚持建设性和批判性相统一；坚持理论性和实践性相统一；坚持统一性和多样性相统一；坚持主导性和主

[1] 习近平．习近平谈治国理政（第二卷）［M］．北京：外文出版社，2017：377.

体性相统一；坚持灌输性和启发性相统一；坚持显性教育和隐性教育相统一”。❶思政课队伍建设要以践行“八个统一”为目标导向，做好学生成长成才的引领者。首先，新时代思政课教师要做政治定力不动摇、理论功底不掉队的引路人。作为思政课教师，须不断强化对中国共产党的信任、增强对中国特色社会主义事业的信心；不断解放思想、掌握新动向，探寻与学生深度沟通交流的“时代话语”，不断提升育人本领，真学、真懂、真信马克思主义理论，自觉做学为人师的表率，帮助学生树立马克思主义世界观，更好地为学生成长提供坚实的理论基础。其次，新时代思政课教师要做学生知识传授与价值塑造的引路人。以透彻的学理分析回应学生诉求，用真理的强大力量引导学生成长，寓价值观教育于知识传授之中，传导主流意识形态，勇于激浊扬清、扶正祛邪。加大对学生的认知规律和接受特点的研究，将思政小课堂教学与社会大课堂历练结合起来，教育学生勇做走在时代前列的奋进者、开拓者，做到学思用贯通、知信行统一；努力将思政课打造成学生爱听的“热门课”“明星课”，充分发挥教师主导性作用、学生主体性作用，注重启发性教学，在不断启发中让学生水到渠成地得出结论。善于挖掘其他课程和教学方式中蕴含的思想政治教育资源，多方借力，以春风化雨、润物无声的方式实现育人效果。

二、以“四有教师”为标准，做党执政的坚定支持者

习近平总书记曾寄语广大教师“要有理想信念，有道德情操，有扎实学识，有仁爱之心”。❷这对新时代思政课教师提出了新的价值追求。新时代思政课教师应遵循时代发展要求，树立崇高理想信念。把爱党爱国教育、中国特色社会主义教育、“四个自信”教育等作为教学的着力点；提升自身道德素养，明确时代责任和历史使命，引导学生以德立身、锐意进取。此外，新时代思政课教师还应有扎实的学识和因材施教的育人智慧，系统掌握马克思主义理论，练就“在马言马”的看家本领。针对学生在学习和生活中呈现出来的不同问题进行耐心指导，满足学生发展需求和成长期待；培养融洽的师生关系，以扎实学识激发学生求知热

❶ 张烁．习近平主持召开学校思想政治理论课教师座谈会强调　用新时代中国特色社会主义思想铸魂育人贯彻党的教育方针落实立德树人根本任务[N]．人民日报，2019-03-19.

❷ 习近平．在北京大学师生座谈会上的讲话[N]．人民日报，2018-05-03.

情,加强心灵疏导和人文关怀。以成为“四有教师”为行为标准,以马克思主义中国化的最新理论成果教书育人,做好党的坚定支持者。其一,新时代思政课教师要立场坚定地与中国共产党同心。思政课教师须始终保持政治上的清醒和坚定,与党风雨同舟、患难与共,对于社会上的不良言论、不良情绪敢于发声、敢于亮剑。其二,新时代思政课教师要矢志不渝地与中国特色社会主义建设同向同行。习近平总书记强调:“我们的高校是党领导下的高校,是中国特色社会主义高校”。[1]要坚定社会主义办学方向,将立德树人的育人目标与我国发展紧密相连,为巩固和发展中国特色社会主义服务。其三,新时代思政课教师要坚定不移地与中华民族伟大复兴同行。守好一段渠,种好责任田。不忘实现伟大复兴中国梦的初心,牢记培养时代新人的职责使命。

三、以“三全育人”为遵循,做“金课”课堂的驾驭者

高校立德树人,就是要“把思想政治工作贯穿教育教学全过程,实现全程育人、全方位育人,努力开创我国高等教育事业发展新局面。”[2]实现“三全育人”,即全员育人、全程育人、全方位育人,需形成教育合力、增进教育实效。从系统论层面来看,需要做好思政课顶层设计,强调课程建设的整体性和协调性;从过程论层面来看,需抓住思政课教师这个关键环节,增强教师的育人意识;从目的论层面来看,要实行“靶向教育、精准教育”,提高育人的针对性,构建环绕式教学模式。以实现“三全育人”为价值遵循,做好“金专、金课”课堂驾驭者。首先,要在目标上成为驾驭者。传道者要明道信道,秉承“以己正人、以道引人”的理念,对思政课教学有强烈的认同感,全身心投入到教学活动当中,与学生产生言语上的交流、情感上的碰撞、思想上的共鸣。坚持立德树人的根本任务,认真研究教材内容,注重结合地方优质资源,将教材体系有效转化为教学体系,有效化解学生的“疑点”“困惑点”。其次,要在方法上成为驾驭者。围绕思政课特点、学生特点、教师性格特点设计灵活多样的教学方法,从学生获得感角度出发,将理论教学与时代案例结合起来,将专题式讨论与多媒体技术结合起来,在与学生进行交

---

[1] 把思想政治工作贯彻教育教学全过程　开创我国高等教育事业发展新局面[N].人民日报,2016-12-09.

[2] 黄超,丁雅诵.培养担当民族复兴大任的时代新人[N].人民日报,2021-12-10.

流过程中既作为课堂的管理者，又作为带领学生探索新知识、新思想的引路人。最后，要在情境上成为驾驭者。以营造和谐的课堂情境为教学目标，力求达到"以情动人、以情感人"，讲求教学的艺术性。一是要精心备课，巧妙设计教学环节；二是要有效管理课堂，建立学生评价机制，加强对学生的约束与管理，不断提高学生分析问题、解决问题的能力，做好"金专、金课"课堂的驾驭者。

第二节　新时代思政课教师队伍的建设新要求

一、"大思政课"视角下思政课教师的意识和能力要求

党的十八大以来，习近平总书记高度重视思政课建设，并提出了"大思政课"这一理念。他指出："'大思政课'我们要善用之，一定要跟现实结合起来。"[1]要上好"大思政课"，也对思政课教师提出了更高的要求。

（一）思政课教师要更新意识

1. 时空上的开放意识

从时空视角看，传统思政课局限于课堂上有限的教学时间和教室这一有限的教学空间，虽然思政课确实需要通过这样的"小课堂"对学生开展系统的马克思主义理论教育，但这一传统的封闭性的教学形式也有明显的不足之处，其不利于课堂教学与社会生活的融合，使思政课教学资源利用和平台建设受限，也会在无形中束缚学生的想象空间，更不利于拉近学生思想认识和社会现实的距离。"大思政课"背景下，思政课教师要善于突破传统的封闭教育理念的束缚，要确立开放的教学理念，充分认识到不能让教学被教室和课本所束缚。思政课教学不仅仅是在教室里，也不仅仅是书本知识的传授，凡是能够让学生学到知识，增长见识，锻炼能力，提升觉悟，坚定理想信念的地方都能成为"课堂"。因而，思政课教师要善于把课堂搬到更多开放的社会现实场景中。相对课本和教室，实践更为鲜活，社会现实更为生动，社会生活中蕴含着丰富的教学素材，让学生走出教室，在更为辽阔的社会生活和波澜壮阔的中国特色社会主义实践中去收获道理、

[1] 杜尚泽．"大思政课"我们要善用之[N]．人民日报（海外版），2021-03-07．

掌握真理、养成品格和锤炼意志，在提升学生认识，开阔学生视野，更好坚定学生马克思主义信仰的同时，也能让学生理论联系实际，学会在现实生活中用马克思主义理论的立场、观点和方法去分析问题，解决问题。

2. 育人主体上要有多元合作意识

要上好“大思政课”，思政课教师不能单打独斗，必须改变传统教学中一个教师一人讲到底的做法，而是要有发动各方、凝聚众智，共同致力于培养学生的意识。从“大思政课”视角来看，“大思政课”之所以大，其中之一就在于其育人主体之大，“育人主体不仅有全体思政课教师，还包括学校的所有教育工作者以及全党全社会”[1]。作为新时代的思政课教师，如果还囿于传统教学思维，不培养自身对于校内外教学资源的整合能力，便难以达到上好“大思政课”的要求。在“大思政课”视角下，社会就是一个最真实的课堂，而生活则是最好的老师。“大思政课”要求走出教室，走出校园，走向社会，思政课教师也不是唯一的育人者，不管是田间地头的劳动人民，博物馆和纪念馆的讲解员，还是重大工程或项目的建设者，都能向学生打开生活这一课本，让学生体验有温度、最鲜活的“大思政课”。思政课教师要善于挖掘其中的思政元素，做好组织并整合育人资源，在大课堂中与这些育人主体通力合作，密切配合，共同服务于学生思想政治素质的提升。上好“大思政课”不仅需要“走出去”，而且思政课教师要做好“引进来”这一工作，要求思政课教师要善于结合课程要求，从社会这一大课堂中精选优质资源，将其引入课堂，可以是社会各界涌现的先进代表，也可以是为社会、国家默默付出的平凡英雄，还可以是党政干部领导，亦或是学生身边的典范等，让他们把自身在社会现实中的所获所感带进课堂，与学生分享，能让学生在与他们近距离的交流互动中思想认识得以提升，精神生活得以充实，道德境界得以升华。

3. 师生关系上要有互促共进意识

在传统思政课教学中，往往是教师课堂上讲授，学生听讲；教师提问，学生回答。而“大思政课”语境下，需要学生到社会生活中去感受、去体验和探索。学生和教师一同走向祖国大好河山去看，走向各行各业的建设者去听，一同体验，一起探讨，共同进步。在这里，无论是通过观察、聆听，还是组织学生参与讨论交

[1] 杨玉新. 高校要善用“大思政课”铸魂育人[N]. 中国教育报，2023-03-28.

流，教学不再局限于思政课教师的单向传授。同样，在教师讲解和提问的过程中，学生也有机会表达自己的体会和感受，提出自己的疑惑与见解，实现教师与学生之间的良性互动。同时，在这种教学模式下，学生们不仅要从书本里汲取知识，也要在现实生活中增长见识，以此提升自身的综合素质。如思政课教师可以邀请一些先进典型和模范人物走进思政课堂，分享他们的亲身经历和感悟，并通过安排师生与特定人物的交流互动等，完成对学生的有效引导。

（二）“大思政课”背景下思政课教师的能力要求

1.“大思政课”背景下思政课教师的创新素质要求

推进“大思政课”建设，其中很重要的一点就是更好地解决传统思政课教学中存在的一些问题和不足，包括思政课教学还不够开放、利用各种社会资源协同推进思政课教学方面还存在不足，以及实践教学还需进一步深入等。开展“大思政课”建设，就要进一步改进思政课教学原有的不足，提升思政课教学实效。有学者指出：“‘大思政课’本质上是要围绕思政课进行改革创新。”[1]因而，对教师来说，在深刻把握“大思政课”建设的精髓和本义的基础上，要善于和勇于进行相应的教学改革和创新，以更好地推进“大思政课”建设。

要善于进行思政课课堂组织形态的探索与创新。“大思政课”语境下，如果要“引进来”校外的社会资源来助力课堂教学，就要涉及聘请哪些校外专家或各行各业涌现的先进人物，如何才能保证课堂教学形式能常态化开展，经费如何保障，“引进来”的教学资源如何与“小课堂”的教学内容与进度相衔接、相融合等，这些都是值得探讨和研究的。如果是“走出去”，多场域间如何协同配合等问题，也值得关注。社会是复杂的，如何在社会生活中挖掘教育资源，以及控制社会生活中的不良现象和消极因素的影响，这些都是需要进一步探索与研究的。思政课教师只有具有创新意识，善于进行相应的教学改革与探索，才能更好地解决推进“大思政课”建设过程中的问题，真正上好“大思政课”。

“大思政课”要进行教学方式方法上的创新。上好“大思政课”，会更加突出自主探究、互动和体悟等，教师还要注意启发和引导。既要激励学生独立思考，激发学生探索的渴望和求知的欲望，又要循循善诱，让学生思想认识朝着积极的

[1] 石书臣．深刻把握“大思政课”的本质要义[J]．马克思主义理论学科研究，2022(7).

方向发展，还要在其中锻炼学生运用理论来分析和解决问题的能力。同时，也要运用先进信息技术和手段，包括虚拟现实技术、多媒体技术、数据技术和人工智能技术等各类网络资源，创设一个图文并茂、丰富多彩、即时交互的学习环境，来直观、形象、生动地呈现反映社会生活实际的各类素材，使思政课课堂能够鲜活、生动起来。

“大思政课”还要求教学内容创新。上好“大思政课”，既要重视基础理论知识的学习，也要把反映中国特色社会主义生动实践的最新成果引入课堂，要精选反映社会现实、又是学生关注的案例和素材，使课堂教学更加贴近生活，贴近学生实际，从而能有效增强课堂教学的吸引力和有效性。要善于挖掘社会生活中所蕴含的思政元素，并以这些鲜活、生动的社会生活素材阐释思政课的基本原理和观点，使抽象的理论知识变得通俗、生动，让学生愿意听、乐意听。思政课教师要时刻关注中国特色社会主义伟大实践，以及涌现出的精彩事例，聚焦我国在经济、政治、文化建设和改善民生、改善生态环境等领域取得的巨大成就等鲜活的素材，加强对国内外形势的了解，甄选社会热点问题，使课堂教学内容更丰富、全面，也更具吸引力和说服力。

此外，要进行思政课评价方面的相应改革与创新。传统的思政课教学，教师传授知识，往往通过考试等手段了解学生是否已经掌握了相关知识。而“大思政课”语境下，不仅要关注学生对马克思主义理论的掌握情况，还要考虑其在参与实践的过程和效果，以及突出其运用相关知识解决社会现实问题的能力。

2.“大思政课”背景下提升思政课教师的政治引导力

“大思政课”虽然在教学理念、方式方法以及教学内容等方面有了新要求和新变化，但其首先还是思政课，必须坚持思政课的政治性这一根本属性，政治引导功能绝不能淡化。“大思政课”背景下，对思政课教师的政治引导能力提出了新的、更高的要求。当走出“小课堂”，走向社会大课堂时，不仅要建立起学生与社会生活的联系，还要引导学生站在党和人民的立场，运用所学的马克思主义理论相关知识和观点，去观察社会生活，分析社会热点，把握社会发展的内在规律，以不断提升学生的思想政治素养、社会责任感和社会实践能力。社会生活是复杂的，其对学生思想的影响必定也是多元的。为此，思政课教师必须提高政治敏锐性和政治鉴别力，在观察分析社会现象和热点问题时，能够把握其中的政治因素，要善于向学生揭示社会现象、社会热点背后的本质，对于各种错误的社会思潮要善于批判，勇于斗争。

思政课教师自身在社会生活中要起到模范带头作用。作为思政课教师，要时刻注意自己的言行，要与党中央保持一致，带头学习、研究和宣传贯彻党的路线、方针和政策。思政课教师要坚定理想信念，只有自身理想信念坚定，且积极参与到中国特色社会主义伟大实践中，为中国特色社会主义共同理想和共产主义远大理想而奋斗，才能引导学生，让他们富有理想，信念坚定，积极参与实践，做出贡献。同时，思政课教师要善于见微知著，在“大思政课”的视域下，提升自身对学生思想动态的把握能力，要善于从学生各项言行中洞察学生的思想状况，才能够把握问题发展方向。

3.“大思政课”背景下需要思政课教师大力提升理论联系实际的能力

理论联系实际不仅是我党思想路线的重要内容，同时也是教学中必须遵循的一项原则。在“大思政课”背景下，理论联系实际更是思政课教师必须具备的一项重要能力。在这一语境下的理论联系实际的能力，就是把理论和实际有机结合，能够在社会生活中运用马克思主义理论的立场、观点、方法，来观察、研究和分析错综复杂的社会实际，善于探索隐藏在社会现象和社会热点背后的深层规律和本质，对社会发展趋势具有预见性，并能够提出相应的应对策略。要上好“大思政课”，不仅要求思政课教师传授好课本上的知识，而且还要引导学生在特定的社会环境中学会运用所学知识来分析和解决问题，让学生所学的理论在社会生活的运用中得到深化，让他们所学的知识运用到、回到实践中去，能更好地保障思政课课堂所学知识与社会实践不脱离。

教师要培育学生理论联系实际的能力，首先自身要具备相应的能力。而要提高理论联系实际的能力，前提是要真正掌握好理论。理论源于实践，但同时又能指导实践，服务实践，为具体实际问题的解决提供理论支撑。作为思政课教师来说，对于马克思主义的相关理论越熟悉和精通，理解越深入，在碰到问题需要解决和分析时，越能够运用自如，做到得心应手。在推进“大思政课”进程中，掌握好理论，能在“走出去”面向社会生活时，更好把握和揭示社会现象和热点的本来面目和规律所在，并在理论的指导下提出可行的、可靠的解决思路和方案；同时，对理论掌握越是精深，越能对引入课堂的、反映社会生活的各类鲜活素材进行事理结合、深入浅出地讲解。思政课教师除了要掌握马克思主义及其中国化创新理论，还要掌握好与其相关的社会学、伦理学等其他学科知识。同时，思政课教师要将马克思主义理论活学活用，在真正把握理论精髓的基础上，将自身的所学、所想放到实践中去，用实际验证自身所学所想，也要在实践中感悟理论的意义，印证马克思主义理论的真理性、科学性，并努力推动实践的发展，增强对于马克思主义的理论自信。此外，为更好了解实际，找到理论与实际间的真实联系和结合点，思政课教师还要会调查研究，通过调查研究来掌握社会生活中的新情况、新成就、新热点和新问题等。也只有进行充分的调查研究，才能更好地充分了解学生在生活中所关心的问题，在教学中做到有的放矢。

（三）“大思政课”需要建好大队伍

上好“大思政课”，不仅是思政课教师的事情，还需要统筹专职和兼职、校内和校外各方力量，打造一支相互合作、协同推进“大思政课”的大队伍。思政课教师除了专业教师之外，也可以是地方的党政领导干部、其他课程教师、各行各业涌现的先进代表和模范人物，还可以是为社会主义现代化默默奉献的平凡英雄等。除了学校这个思政教育的主阵地，家庭、社会和大众传媒等各方也都要积极参与共同育人，形成一个育人共同体。要充分发挥大队伍中各个育人主体的优势，让有信仰的人讲信仰，让道德模范讲道德，让社会主义现代化的建设者讲经验，让各育人主体将实践中的经历、经验、体验和各类感人事迹带给学生，充分发挥他们各自优势，给思政课课堂聚集更多正能量的同时，提升课堂吸引力与感染力。

队伍的建设，不仅要重视思政课教师能力素养的培育，而且对其他育人主体也要关注。这些育人主体进入思政课课堂，需要对他们的教学理念、表达能力、教学设计等各方面要有总体了解和把关，有的可以进行相应的培训，提升他们的能力。要组织开展思政课教师与其他育人主体之间的各类研讨会、座谈会等学习交流活动，促进双方之间了解彼此优势，相互学习借鉴经验。要建构常态化协同育人机制，学校可以与一些相关部门、单位建立长期的协同合作育人关系，如可以与党校合作，聘请党校的专家进课堂讲授党史相关知识，也可以聘请法院的有关优秀人员，让他们把依法治国实践中的一些生动案例带入课堂，如此等等。

二、大中小学思政课教师队伍的一体化建设

办好思政课关键在教师。在推进大中小学思政课一体化建设中，教师是最为核心的一线推进力量。通过一体化建设理念、一体化成长平台、一体化发展共同体和一体化保障体系四维共进，大力推进大中小学思政课教师队伍一体化建设，使思政课教师充分意识到其在推进大中小学思政课一体化建设中的责任和使命，结合共享成长平台和优质师资，积极发挥自身能动性和创造力，全方位提高大中小学思政课一体化建设水平和效能。

（一）树立全学段联动意识，建构一体化建设理念

在大中小学思政课教师队伍一体化建设中，首先要求教师进行理念更新，确立起全学段、一体化的协同育人意识，有效改变思政课教师各自为政、分学段作战、缺乏联动的局面，形成全过程、全方位的一体化育人新格局。不能将视野局限在所教学段和所在学校，要有进行纵向衔接和横向协同的自觉性和主动性，有进行纵向衔接和横向协同的艺术与创造意识，有跨学段对教学目标设定、内容安排和方法选择等方面进行综合考虑和整体把握的意识，在教学目标、教学内容和方法选择上既能满足本学段的教学要求和学生的身心发展特点，也能承前启后，与其他学段相衔接，充分考虑到学生学习发展的延续性，层层递进，符合课程跨学段的整体教学要求。要深植一体化建设理念，避免单打独斗，展现政府主导、各部门相互协作、家校和社会各育人要素共同参与的全面覆盖、多方联动的一体化育人逻辑。

（二）强化教师成长需求导向，建构一体化成长平台

通过探索成立由各学段思政课教师共建共享的大中小学思政课一体化建设联盟、理论研究中心以及集体备课中心等各类平台，汇集集体智慧和力量，服务大中小学思政课教师队伍成长。通过共同探讨解决教学中碰到的各类难点、堵点等问题，使大家在思想的碰撞和交流中获得新知识，提升教学能力。通过线下

经常性地组织开展大中小学思政课一体化教学观摩活动和教学大赛等，来满足各学段教师相互学习、切磋教学技巧、提升教学能力的需要。同时，建设具有开放性和交互性的跨学段和跨区域的思政课虚拟教研室等线上教研协作平台，服务大中小学思政课教师的线上学习与交流需要，使他们能共享精品在线课程和大中小学思政课一体化示范课案例库等优质教学资源。此外，还要为思政课教师提供更具特色、丰富多样的一体化理论研修、教学研修和实践研修基地，以更好满足思政课教师提升核心素养的需求。

（三）发挥优质师资能动作用，建构一体化发展共同体

“讲好思政课不容易，因为这个课要求高”[1]。思政课的教学内容涉及面广，还会紧随时代和实践的发展而调整课程教学内容，需要常学常新，这也对思政课教师的专业素养和知识积累等方面提出了更高的要求。这就需要加快探索和建立跨学段的优秀思政课教师引领的资源共享、优势互补、互利共赢的一体化发展体系。其中，思政课教师要充分发挥自身理论研究上的优势，通过“大手”拉“小手”，与中小学思政课教师结对发展，共研共进，协同互助，充分发挥其在中小学思政课教师专业化发展中的带动和引领作用。思政课教学名师可以通过融媒体公开课、结对传帮带等形式，发挥其在相邻学校、相关教师共同发展中的凝聚和辐射作用。教师自身则要有大中小学思政课教师一体化发展共同体意识，主动与其他学段教师开展广泛交流，积极参与各类跨学段线上线下互上思政课和思政课一体化教学展示等活动中，融入互学互鉴、互助共进的发展共同体中，以更好地汲取各方经验，开阔自身视野，及时更新教育理念，切实提升教学改革与创新能力。

（四）完善组织机制建设，建构一体化保障体系

要优化相应的组织领导机制，大中小学思政课教师队伍一体化建设是一个系统工程，包括各地区教育主管部门、学校、社会、家庭和教师等，需要各级党委和政府高度重视，加强顶层设计，为本区域的大中小学思政课教师队伍一体化建设谋篇布局。同时，要探索并成立各层级的思政课一体化建设指导委员会、理论

[1] 习近平. 思政课是落实立德树人根本任务的关键课程[J]. 求是，2020(17).

研究中心、协同创新中心等组织机构，充分发挥其在思政课教师队伍一体化建设中的具体指导、活动组织和咨询研判等方面的作用，要经常性组织开展大中小学思政课教师间的各类教学观摩，并及时对大中小学思政课教师队伍一体化建设的成功经验进行总结，形成可复制、可推广的建设模式。各地要结合自身实际，出台相应的大中小学思政课一体化建设实施方案，为大中小学思政课教师队伍一体化建设提供制度支持，推进规范发展。要出台相应的激励政策，鼓励思政课教师参与一体化建设的相关活动并提供必要的经费支持。建立跨学段的思政课教师队伍研修机制，建立校际间教师跨学段协作机制，实行大中小学互派教师挂职、进修等培育发展机制，为思政课教师队伍一体化建设创造最优的发展条件和外部环境。

三、"两个大局"视域下的思政课教师队伍建设

世界百年未有之大变局和中华民族伟大复兴的战略全局这"两个大局"，是我们谋划各项工作的基本出发点。推进思政课教师队伍建设，办好思政课，必然要放到这"两个大局"的视野下进行谋划。作为思政课教师，要讲好课，必须要站得高、看得远，还要善于把握大势、大局，能够顺应局势发展要求不断改进教学理念和方式方法，更新教学内容，以此来增强课堂教学吸引力，提升学生的认同感和获得感。同时，把思政课教师队伍建设工作放置于中华民族伟大复兴的战略全局中，增强思政课教师的角色意识，才能使思政课教师更好认清自身所承担的责任和使命，有助于他们在推进社会主义现代化强国建设进程中，勇于承担，主动作为，积极提升自身教学能力和水平，为时代新人的培育和社会主义现代化强国建设做出自身贡献。

"两个大局"视域下思政课教师队伍应具有历史涵养，要善于从历史纵横的比对中，把握百年变局的历史特征和我国发展的历史方位，能够以马克思主义理论为指导，以全面、联系和发展的观点来解读历史，不断总结历史发展规律，分析历史发展趋势，并在此基础上引导学生认清世界百年未有之大变局中的西方困境和中国机遇，以及讲清楚中国特色社会主义制度优势和中华民族伟大复兴的不可逆转的历史过程，引导学生争做实现我国第二个百年奋斗目标的坚定支持

者和积极奋斗者。

“两个大局”视域下思政课教师队伍要具有历史机遇意识，同时也要有忧患意识。“中华民族伟大复兴的战略全局和世界百年未有之大变局的历史性交汇，赋予战略机遇期新内涵。”[1]伴随着大机遇，我们前进道路上的风险和挑战也前所未有。在这样的情况下，思政课教师必须增强识变、求变、应变的能力，要走出“舒适圈”，不能习惯于安逸、舒适的环境，而淡化了忧患意识和斗争精神。此外，也要培养学生的机遇意识和忧患意识，让学生认识到，要想把握机遇，应对风险，就必须坚持中国共产党的领导和发挥我国制度优势，使学生坚信在党的领导下，我们能够把握历史主动，实现中华民族伟大复兴。

四、数字化时代背景下思政课教师队伍的数字素养培育

（一）数字化时代背景下思政课教师需要具备相应的数字素养

提升数字素养是思政课教师跟上数字技术发展潮流和满足自我发展的需要。当前，数字技术已经深度渗透到各个领域，深刻变革着人们的思维模式、学习习惯和生活方式等，也对思政课教学产生了深远的影响。面对数字技术的飞速发展，思政课教师只有不断地提升自身数字素养，才能更好地跟上时代的步伐。数字技术的发展极大地丰富了思政课的教学资源，特别是对线上各类微课、教学案例与教学课件等资源的丰富，能为思政课教师提供更为翔实、全面的教学参考。通过搭建各类数字化教学平台，能有效推动思政课教学方式的变革与创新。一方面，这些数字化教学平台的搭建，能为师生互动提供新渠道，有助于增强师生的课内外互动，例如，通过超星学习通平台，师生可以互发消息，学生可以在线提问，反馈教学问题，教师可以在线答疑等，同时教师还可以设置抢答、主体讨论等，提高学生的课堂参与度。另一方面，通过数字化平台的搭建有助于打破传统课堂教学的时空局限，丰富教学形式。教师通过这些数字化平台不仅可以把自己制作的优秀教学资源上传，还可以十分便捷地参与跨区域的培训与交流活动，从而推进教学资源的共建共享与教学上的交流、合作，打破思政课教师教学与交流的地域限制，提升自身教研能力。除此之外，思政课教师还能够通过

[1] 胡荣荣．两个大局赋予战略机遇期新内涵[J]．前线，2022(9)．

“学习强国”等平台获取时政热点案例,通过超星数字化图书馆等平台查阅到包括马克思主义经典著作在内的诸多电子版文献,以及通过中国知网等平台查看大量相关领域的学术研究成果,这些无疑有助于思政课教师更好地获取教学素材,了解党和国家最新政策,掌握教学改革与研究最新动态等。

特别在新时代,思政课教师面对的学生,都是以“00后”为主的青少年群体,是数字时代的“原住民”,他们是在数字技术环境下成长起来的一代,对数字技术和数字文化表现出了较高的适应性,对于数字技术的运用也有较高的接受度和更高的期望值。因此,思政课教师要顺应数字技术发展潮流,不断提升自身数字素养,充分借用数字技术优势推进课堂革命,把党在新时代理论创新的最新成果有机融入课程教学之中,并采用动画、视频、音频等方式使这些理论变得更加鲜活、生动、形象,从而有效激发学生的学习兴趣,增强思政课堂的吸引力和思想上的引领力。此外,思政课教师还需通过数字化教材的编写和微课程的制作等方式,为学生提供更加灵活、便捷的学习途径,在多维度、多样态彰显思想的伟力和真理的力量的同时,更好满足学生自主学习的需求。

提升思政课教师的数字素养,才能更好引导学生在数字时代健康成长。数字技术使学生的日常学习和生活更为丰富多彩,其为学生提供了海量的线上学习资源和研究资料,学生可以依据自己的兴趣和实际需要进行选择。在数字化时代背景下,各类软件和平台的运用不仅有效提升了学生的学习效率,也大大拓展了他们的休闲和娱乐空间。如他们借助微信平台开展社交与互动,在淘宝、京东等平台进行网购,在今日头条获取新闻资讯,在12306网站购票,通过百度地图、高德地图实现精准导航服务出行,如此等等。数字技术已经深深融入并改变着他们生活的各个领域,对他们的思想和行为产生了巨大的影响。但随数字技术而来的一些负面影响因素亦不可忽视,比如,各类数字化平台上的信息良莠不齐,其中不乏消极、片面以及虚假的信息。在学生世界观、人生观和价值观形成与发展的关键时期,长期接触这类不良信息,必然会对他们的成长产生十分不利的影响,并会抵消思政课堂的教学成效。再如,有些学生过于沉迷网络社交或线上娱乐活动等数字化虚拟空间,这不仅会消耗大量时间,还会对他们的现实社交能力产生极大危害。因此,思政课教师必须给予高度关注,并对学生的一些错误行为加以及时引导。作为思政课教师要充分认识到自身所在数字化时代所肩负的使命,不仅要主动发挥自身在学生数字生活中的引导作用,如对学生的数字化生活空间的言行进行科学引导,还要充分考虑各项数字化资源对学生发展的潜在影响,科学而审慎地选择积极向上、富有教育意义的数字化教学资源,确保内容有利于学生正确价值观的形成。此外,思政课教师需要重视学生在数字化生活中的批判思维和辨别能力的培育,使他们在虚拟世界也能自我约束,明辨是非,能理性、合理地使用数字技术促进自身全面发展。

(二)思政课教师数字素养提升的主要影响因素

思政课教师数字素养提升的影响因素涉及多个方面,可以从思政课教师自身因素和外在因素进行分析。

内因是事物发展的根本原因,思政课教师自身影响因素,相对于外在影响因素,是内因,是他们数字素养提升的关键。从认知因素看,思政课教师对自身数字素养提升在课堂教学中的作用认知越清晰,他们提升数字素养的内在意愿和内在动力就越强,越有助于他们积极、主动地投入更多时间和精力来推进数字技术在课堂中的应用。从年龄因素看,年轻教师通常对数字技术和数字产品有着更为频繁的接触,了解也更为深入,能够更快地适应和掌握数字技术并将其运用到课堂教学中。同时,思政课教师的精力以及知识背景等因素也都影响着思政课教师对数字技术的学习、掌握和应用情况。随着数字技术的快速发展,各类数字化平台和工具会不断迭代更新,数字技术发展也会不断引发教学方法变革,这些都需要思政课教师持续投入时间和精力,不断学习相关技术,把握前沿动态。思政课教师要将课程教学内容和数字技术相结合,不仅要在思政学科方面有扎实的知识基础,还需要有一定数字技术方面的知识储备,这样才能在思政课教学中更好挖掘数字技术的多样功能和应用场景,通过“技术+学科”双轮驱动不断提升课堂教学效果。此外,还有其他诸如情感、兴趣和意志等因素都影响着思政课教师数字素养的提升效果,思政课教师对运用数字技术提升教学效果责任意识越强、热情越高、兴趣越浓厚,越有助于他们积极、主动地开展相关探索。要提升数字技术在思政课堂的运用效果,不仅需要思政课教师加大对数字技术的时间和精力的投入,还需要思政课教师有持续学习与钻研的坚韧意志,在遇到困难和技术挑战时不气馁，能以积极的情绪持续探索，努力克服困难而不放弃，坚持不懈地推进数字技术在课堂教学中的有效运用。

从外在影响因素看，政策支持、技术条件和使用氛围等都会对思政课教师数字素养提升产生重要影响。政策支持对思政课教师数字素养提升有重要影响，如通过制定相应激励政策，对于优秀的数字化教学骨干教师及时给予表彰和奖励，能激励和带动其他教师积极开展数字化教育教学。再如，数字化设备的购买、一些数字平台和工具的使用，需要经费上的支持，以能够为思政课教师充分利用数字技术提供保障。此外，营造良好的氛围也能有力推进思政课教师数字素养提升，如有关部门、企业和组织通过大力宣传和推广活动，能深化思政课教师对数字技术在教学中应用的重要性的认识，营造出积极开展数字化教育教学的氛围，进而能有效激发思政课教师提升数字素养的主动性和积极性。

（三）思政课教师数字素养的基本提升策略

在数字化时代，思政课教师要确立起数字化理念，充分认识到数字化技术会对课程教学带来的变革性影响，主动适应数字化发展趋势，关注数字技术在思政课教学方面的应用情况和前沿动态，主动拥抱数字技术，积极将数字技术手段融入思政课堂。思政课教师要充分借助数字技术突破传统思政课教学的局限，不断推进教学模式和教学方式方法的创新。在教学模式方面，数字化时代思政课教学要更加注重互动和探究，要善于利用数字技术开展个性化教学，要拓展教学资源，努力打破传统思政课堂的时空局限。同时，教学评价方法也需要更加多元化，评价结果要实时反馈，这样才能更好提升思政课的吸引力和感染力。

思政课教师要积极、主动学习和运用各类数字化教学平台及工具，要善于运用超星学习通、钉钉、腾讯课堂等平台，以实现教学互动、直播授课和录播教学等教学方式的灵活运用，这样既能有效打破传统思政课教学的时空限制，也能更好应对特殊情况下的教学问题。同时，思政课教师要善于借助在线课程平台，拓展课程教学内容，将原先因教学时长要求，不能使其在课堂呈现的内容，通过线上平台的相关教学视频、专家深度解读以及珍贵的历史主题影像等，为学生提供多样、可选、丰富的学习资料，同时有助于他们在课下，从其他视角对教学内容进行多维度地思考与分析。此外，思政课教师要善于通过在线平台所提供的数据，了解学生的学习偏好和学习障碍等,以灵活调整和优化线上教学资源,提升学生在线学习的效率和针对性,并能满足学生个性化学习要求,提升他们的自主学习能力,拓展他们的知识面。不仅如此,在线平台讨论区为思政课教师提供了与学生随时随地开展交流与互动的机会,学生可以随时提出疑问,教师也能及时给予解答,能够让教师及时掌握学生的思想动态,及时回应学生的种种困惑。

思政课教师要提升获取、分析和运用数据的能力。要善于在相关的数字化平台,包括数字图书馆、数字文化馆等场所,进行学习和自我提升,也要积极参与相关数字共享平台建设,例如台州学院数字马院的建设等。当前诸多网络教学与研究平台,都开始自带数据分析功能,对思政课教师了解教研动态和学生学情等都十分有帮助。例如,在中国知网平台上就有相应的可视化分析功能,可以对要检索的文献进行统计分析。对思政课教师来说,也能更好把握相关研究的理论动态及未来发展趋势,了解和获取学界研究的热点话题以及研究人员的分布情况,这对思政课教师开展学习与教学研究都十分有帮助。不仅如此,思政课教师也可通过学习CiteSpace等可视化文献分析软件,对需要的内容进行分析。再如,超星学习通,能够为思政课教师提供学生网上学习数据,以更好帮助教师跟踪学生学习动态。同时,也能根据学生的讨论、发言等情况,为思政课教师掌握学生相应发言情况提供参考。除此之外,在当前我国大力倡导大兴调查研究之风的情况下,思政课教师也要善于在调查研究中获取数据并对数据进行筛选、统计与分析,将其结果运用到教学效果的提升与自我素质提高中。同时,还要掌握常见的社会调查方法,要善于运用SPSS等统计分析软件,以更好实现对数据进行管理与分析等,这样才能更好提升自身数字素养。

思政课教师还要注重提升自身的数字伦理素养。首先,思政课教师要提升数据隐私保护意识。学生数字化平台的学习活动、考勤记录与互动数据等,会涉及学生的学习习惯、生活偏好以及学生在学习方面存在的不足等敏感信息。因此,必须要有隐私保护意识,教师查看和使用这些信息的目的在于优化教学安排,提升教学质量,促进学生成长,不能将这些数据泄露给第三方。其次,思政课教师要引导学生正确看待和运用数字技术。对于数字技术,思政课教师需要引导学生持有全面且客观的审视态度。既要认识到数字技术为经济社会带来的新机遇与广阔发展的空间，亦不可忽视其中蕴含的伦理风险及诸多挑战。“网络和数字化技术本是全球各个角落的人与人之间、国家与国家之间沟通和联系的桥梁，然而数字化犯罪却给人与人的关系带来新的威胁，数字化鸿沟却给发达国家和发展中国家的沟通带来了新的障碍”。[1]思政课教师可以从数字技术可能引发的数字鸿沟、隐私风险等维度引导学生开展深入反思，以增强他们对数字技术的风险意识与防范能力。面对数字技术可能引发的诸多风险，思政课教师要积极发挥自身作用，要“审慎判断数字技术运用的合法性、合理性、合目的性，实现人工智能技术性与教师教育艺术性之间的平衡。”[2]因而，思政课教师要积极探索相应的教育引导策略，自觉担当起教育和引导学生的重任，才能够提高学生对于数字技术风险的警觉性和应对能力。唯有如此，思政课教师方能在数字技术的浪潮中保持警惕，确保自身具备相应素养并能有效地引导和教育学生安全、合理地使用数字技术，在促进学生数字素养提升的同时，推动数字技术的持续、健康发展。

要为思政课教师数字素养提升提供充分的条件保障。习近平总书记指出：“教育数字化是我国开辟教育发展新赛道和塑造教育发展新优势的重要突破口。”[3]教育部也高度重视推动教育数字化，在2023年2月的世界数字教育大会上正式发布了《教师数字素养》标准，有利于“提升教师利用数字技术优化、创新和变革教育教学活动的意识、能力和责任”[4]。这些也为思政课教师数字素养提升提供了方向指引。各方要认真贯彻落实习近平总书记关于教育数字化的重要论述和党的二十大报告中提出的关于“推进教育数字化”的相关要求，为思政课教师参加各类与数字素养相关的培训、交流以及开展数字化教学方面的改革与研究等提供政策支持。要推进数字技术与思政课教学的有效融合，也需要购置相应的数字化设备、优质的数字化教育资源、高质量的数字化平台及服务等，为思

❶ 周琴．数字时代大学生信息伦理教育[M]．合肥：安徽大学出版社，2020：192.

❷ 康秀云，于喜水．教育数字化时代思政课教师数字素养的内涵要义、现实挑战与提升路径[J]．黑龙江高教研究，2024(11).

❸ 习近平在中共中央政治局第五次集体学习时强调　加快建设教育强国　为中华民族伟大复兴提供有力支撑[N]．人民日报，2023-05-30.

❹ 丁雅诵．教育部推出行业标准《教师数字素养》发布[N]．人民日报，2023-02-21.

政课教师有效开展数字化教学创造良好的软硬件环境。此外,还可以通过邀请相关数字技术专家进校指导、加强教师间的相互经验交流、实行有长期应用经验的教师对新教师的传帮带等措施,为思政课教师数字素养提升创造良好条件和氛围。

五、思政课教师应注重提升中华优秀传统文化素养

"泱泱中华,历史何其悠久,文明何其博大,这是我们的自信之基、力量之源。"[1]着力赓续历史文脉,推动中华优秀传统文化创造性转化和创新性发展,是新时代思政教育的重要课题,同时也对思政课教师提出了更高要求。在思政课堂上准确、深入地阐释好习近平文化思想,把中华优秀传统文化有机融入日常教学中,必须充分发挥好思政课教师的关键作用,提升他们的中华优秀传统文化素养,进而加深青年学生的文化认同和民族情怀,使他们主动将爱国之情、报国之志转化为敬业奉献、砥砺奋进之行,成为勇担重任的时代新人。

具体而言,思政课教师要从认知认同、育人技能、理论阐释和实践运用四个维度来提升自身素养,以更好地肩负起传承和弘扬中华优秀传统文化、培育学生文化自觉和文化自信的重要使命。

思政课教师要提升对中华优秀传统文化的认知和认同,以实现学生文化知识掌握和文化使命担当的有机统一。思政课教师在中华优秀传统文化认知层面的素养,既包括对中华优秀传统文化的深入理解和精准把握,也体现为对自身在传承与弘扬中华优秀传统文化过程中所肩负的责任和使命的清醒认识。一方面,思政课教师要加强研习,大量阅读文化经典,深化对其内在的人文精神、道德规范和实践智慧的理解与领悟,总结反思、萃取精华,涵养品格、开阔视野;另一方面,思政课教师应深刻认识到自身在贯彻落实党和国家关于传承发展中华优秀传统文化相关要求中的责任,能够站在中华文明永续发展的历史高度,透视历史运动的本质和时代前进的方向,走在增强历史自觉、坚定文化自信前列。其身正,不令而行。始终把坚定文化自信作为内在精神需求和外在行为导向,既学为人师又行为世范,方能有效增强学生的文化自信和价值认同。

---

[1] 国家主席习近平发表二〇二四年新年贺词[N].人民日报,2024-01-01.

思政课教师要提升中华优秀传统文化的育人水平，以实现中华优秀传统文化和思政教育教学的深度融合。思政课教师要善于根据课程教学要求，精心提炼中华优秀传统文化中蕴含的思政元素，并将其巧妙融入课堂教学之中，使之成为培养学生良好品行的沃土，不断滋养他们成长成才。思政课教师要积极探索中华优秀传统文化与当前思政课教学的结合点，不断创新教学方式方法，焕发思政课堂的生机与活力。思政课教师可以深入解读文化经典中所蕴含的丰富哲学思想和道德因素，以启迪学生思想，培育学生人文精神；也可以将书法、绘画、音乐、舞蹈等传统艺术元素融入思政课堂，陶冶学生的情操，培育学生的审美价值观，让他们领略中华优秀传统文化的丰富多彩和独特魅力，进而增进他们对于中华优秀传统文化的认同感、熟悉感、自豪感。思政课教师还要熟练掌握数字教育技术，以此推动思政课堂和中华优秀传统文化的深度融合。例如，通过虚拟现实、增强现实等技术，为学生打造沉浸式的学习体验，使他们更好地理解中华文化的历史脉络、准确把握民族精神的精髓，进而激发他们对传统文化的热爱之情。

思政课教师要提升中华优秀传统文化理论阐释的技巧和水平，以实现中华优秀传统文化理论传承和创新解读的协同推进。思政课教师要不断提升理论素养，善于对中华优秀传统文化深厚的历史积淀和独特的人文价值进行深度剖析和多维解读，发掘中华传统文化中的亮点，把这些优秀元素与当下社会热点议题巧妙结合，充分揭示其新时代意义，使之能紧扣时代、契合课程要求、贴近学生实际，以更好发挥其价值观引导、身心塑造的积极作用。思政课教师也要提升将马克思主义基本原理与中华优秀传统文化有机结合的能力，讲清楚马克思主义的理论精髓与中华优秀传统文化精华之间的契合逻辑，能立足中华文明史的高度来理解和阐释中国道路的特色与优势。

思政课教师要提升中华优秀传统文化实践运用的自觉和智慧，以实现中华优秀传统文化与师生生活实践的紧密结合。对于中华优秀传统文化，思政课教师既要在实践中深入感悟和体验其深厚底蕴和独特魅力，又要将其所蕴含的深邃哲理和道德观念等融入生活实践，转化为具体行动，以此来指引日常生活，实现传统文化和现代生活的紧密结合。面对当今世界各种文化的相互交融与激荡，中华优秀传统文化所承载的历史记忆、基本精神和核心价值，能为思政课教师应对多元文化挑战提供智慧，使学生保持清醒头脑，更好站稳脚跟。同时，思政课教师作为中华优秀传统文化的传播者和学生价值观的塑造者，活学活用传统文化，也有助于更好地引导学生思考如何借鉴中华优秀传统文化解决实际问题，推进自身本土文化情感的塑造和文化自信的确立。

新时代思政课教师的中华优秀传统文化素养，事关思政课的育人效果，事关中华优秀传统文化在学生中的传播和认同，事关强国建设、民族复兴有利文化条件的创设。为此，思政课教师要充分认识到自身的新文化使命，自觉汲取中华优秀传统文化中的思想精髓和道德力量，并将其有效融入课堂教学。思政课教师必须加强习近平总书记关于中华优秀传统文化相关重要论述的学习研究，为自身提升中华优秀传统文化素养提供思想引领。

"青年的价值取向决定了未来整个社会的价值取向，而青年又处在价值观形成和确立的时期，抓好这一时期的价值观养成十分重要。"[1]高校思政教育必须融入文化自信，必须提升思政课教师的中华优秀传统文化素养，以实现文化自信入脑、入耳、入心的育人效果。制定和完善激励政策，加大教育培训力度，探讨外部环境优化，以及对思政课教师开展相关研究提供项目资金支持等，协力推进思政课教师中华优秀传统文化素养的持续提升，将全方位增强青年学生做中国人的志气、骨气、底气，为他们立起坚定文化自信的鲜明标杆。

六、思政课教师要做到"六个要"

对于新时代思政课教师应具备的素养，习近平总书记提出了"六个要"，这对思政课教师队伍建设具有重大指导意义，需要思政课教师按照相关要求，对照自己，反思自己，进而提升自己。

一要对照"政治要强"的要求努力提升自己。思政课具有鲜明的政治性，对学生进行政治引导是最为基本的功能，思政课教师必须具备相应的政治素养，才能成为合格的思政课教师。因而，对于思政课教师，必须要有鲜明的政治立场，更高的政治觉悟，善于从政治上分析问题，才能更好引导学生在成长成才的道路

[1] 习近平．青年要自觉践行社会主义核心价值观——在北京大学师生座谈会上的讲话（2014年5月4日）[N]．人民日报，2014-05-05.

上保持正确的政治方向。思政课教师只有注重自身政治素养的提升,不断增强自身的政治鉴别力和政治敏感性,才能更好引导和教育学生在遭受种种社会思潮和错误思想的影响时,能够保持清醒,分清真善美和假恶丑。思政课教师必须加强政治理论的学习,始终保持学习和钻研马克思主义中国化时代化成果的热情,打牢理论根基,真正把马克思主义理论学深、学透,才能在自我保持理论清醒的同时,用深厚的理论功底,旗帜鲜明、理直气壮、深入浅出地回应学生的困惑,说服教育学生,以提高他们的政治觉悟和思想境界,促进他们政治素养的提升。思政课教师还要掌握好政治本领,认真学习、宣传和贯彻执行好党的路线、方针和政策,始终在政治方向、政治原则和政治道路上同党中央保持高度一致。思政课教师还必须有政治理想,并愿意在实践中为之努力奋斗。要有坚定的马克思主义信仰,这是思政课教师克服困难不断前行的动力之源。

二要对照"情怀要深"的要求努力提升自己。思政课教师要将自身教学与科研工作融入党和国家的事业之中,努力为我党、为国家培育时代新人,这种情怀是对党、对国家、对人民责任感和使命感的体现。厚植家国情怀,坚守教育初心,能激发思政课教师努力钻研,提升自我教研水平,投身于时代新人的培育之中。思政课教师在将自身学识转化为推动国家发展和为人民服务的热情的同时,也能深知奋斗与付出的意义。思政课教师要有大情怀,心系国家、民族,能够正确看待和处理国家、集体和个人利益之间的关系,以国为重,以民为重。勇于担当,将自己的事业融入国家大局之中,对国家、民族和社会要有强烈的责任感和使命感,在党和国家需要的时候能够站得出来。要关心和关注党领导人民所开展的伟大实践,并积极参与其中,作出贡献。要将展现伟大实践成就的鲜活案例引入课堂,以此坚定学生的"四个自信",要善于在教学中引导学生把爱国情、强国志、报国行自觉融入党领导人民所开展的伟大实践之中。

三要对照"思维要新"的要求努力提升自己。中国特色社会主义伟大实践的新进展、党的理论创新不断取得的新成果、科学技术的新发展以及学生学情的新变化等,都要求思政课教师"思维要新",这样才能更好回应实践与时代发展提出的新课题、新要求。而"思维要新"的前提在于坚持马克思主义,不能离开辩证唯物主义和历史唯物主义来谈。首先必须要学会并学透运用辩证唯物主义和历史唯物主义的世界观和方法论，并以此为指导，实现课堂教学方式方法的创新和改革，提升课堂教学效果，增强学生的课堂体验感。在思政课课堂教学中，要善于运用辩证思维，汲取鲜活实践的新素材，回应时代提出的新挑战，传播党的理论建设的新成果，以增强课堂的时效性，提升学生的获得感。同时，思政课教师不仅要传授学生理论知识，提升学生的理论素养，以及引导他们确立科学的世界观、人生观和价值观，还需要进一步教授他们发现问题、分析问题和解决问题的科学思维能力，以使他们面对复杂形势和各种挑战时，能够更好地把握新情况，解决新问题。

四要对照"视野要广"的要求努力提升自己。在知识结构上，如前面思政课教师的人才学部分所述，思政课教师应当要努力成为比T型人才多了个冒头的"十"型人才，"T"型人才，不仅要在专业上有深厚的知识积累，而且要有知识广度，并敢于冒尖，具有开拓创新精神。思政课教学涉及的学科多，内容广泛，并与国家大局、社会生活和学生思想实际紧密相连，思政课教师不仅需要在专业知识上有深厚的积累，还要善于综合运用多学科的知识，能够触类旁通。要随着时代和实践的发展，通过不断学习和参与实践，更新知识，开阔眼界，优化知识结构，以满足时代和实践发展的要求。同时，还要有开拓精神，善于进行教学改革和创新，以不断提升课堂教学效果。要有国际视野，善于在风云变幻的国际格局中把握世界大势和发展潮流，揭示中国道路的世界意义，深刻认识中国走向世界舞台中心的历史必然性。要引导学生把握国际格局演变规律，从国际力量对比呈现的"东升西降"中彰显中国的制度优势。思政课教师还要有历史视野，通过古今中外的历史纵横比较，让学生认清历史发展趋势，要引导学生认识到资本主义社会被社会主义社会所取代的历史必然性，可以通过"四史"学习教育，引导学生树立科学的历史观，培育他们的爱党爱国情怀。

五要对照"自律要严"的要求努力提升自己。"打铁还需自身硬"，作为思政课教师，要坚持不懈地提升自身思想道德素养，把教书育人贯穿于工作的始终，学风严谨，师德高尚，注重言传身教，才能让课堂更具说服力和吸引力。要严守政治纪律和政治规矩，面对不正之风的干扰与诱惑，面对错误思想和思潮的影响，能够保持政治定力。要用心领悟党的精神，关注国内外时事，注重增强党性党悟，时常学习、宣传与研究党的文件。要言行一致、课上课下一致，时常自我反思、自我警示、自我鞭策。

六要对照“人格要正”的要求努力提升自己。人格是一个人精神修养的集中体现，思政课教师的人格不仅反映了其在思想觉悟、道德修养、能力素质等方面的情况，同时也会影响其周围的人和环境。人格高尚，在性格、气质、能力、学识和道德品质等方面具有吸引人的力量，能有效增强课堂的亲和力和感染力。教师的人格对学生有很强的示范作用，对学生的成长成才产生重要影响，作为学生的引路人，思政课教师必须重视自身健全人格的养成。洛奇在一项教育研究中发现：“在性情冷酷、刻板、专横的老师所管辖的班集体中，学生的欺骗行为增多；在友好、民主的教师气氛中，学生欺骗减少。”[1]教师在课堂上能否有效控制自我情绪和脾气，是否具有积极向上的心态，对教育对象的态度等，都会影响到课堂教学，影响到学生培养。有相关研究结果表明，教师不公正的态度会使学生道德品质下降，教师关爱学生有利于学生朝着教师期望的方向发展。[2]思政课教师要加强学习、丰富学识、锻炼能力，提升自身的道德修养和境界，以高尚的人格形象给学生做好示范，并借此感召和引导学生。

---

[1] 彭聃龄. 普通心理学（修订版）[M]. 北京：北京师范大学出版社，2011：466.

[2] 彭聃龄. 普通心理学（修订版）[M]. 北京：北京师范大学出版社，2011：467.

第五章 新时代思政课教师队伍的建设状况与影响因素分析

党的十八大以来，在党和国家的坚强领导下，思政课教师队伍建设取得了显著成绩，解决了长期以来一直努力解决而未解决的很多问题，比如基本解决了思政课教师队伍建设长期以来存在的数量不足问题。党的十八大以来，思政课教师的教学能力不断提升，师资队伍配备更加齐全，全国思政课教师交流平台更为多样，这些都为思政课的守正创新提供了重要基础。但不可否认的是，当前部分教师存在师德师风“失范”、话语阐释“失效”、师资队伍“失衡”等现象，需要加以反思，探讨相应的应对策略。在对党的十八大以来思政课教师队伍建设的成果进行总结分析，以及在了解和把握队伍建设中存在的现实困境的基础上，还需要全面剖析思政课教师队伍建设的各种相关影响因素，了解各种影响因素在思政课教师队伍建设中所起的作用，认清哪些是有利的，有助于推进思政课教师队伍建设；哪些又是不利的，会限制思政课教师队伍的发展，并在此基础上更进一步探讨有利因素的发挥和消极因素的控制策略。

第一节 新时代思政课教师队伍的建设成就

一、“量”的建设成就

从数量看，党的十八大以来，按照“配齐建强”“数量充足”，以及继续按照师生比为1∶350等相关要求，思政课教师队伍在量的建设上取得了巨大成就，队伍不断壮大。以高校为例，专兼职教师在2021年年底已有12.7万多人，和2012年相比，增加7.4万人。[1]党的十八大以来，高校思政课教师队伍在十年间便增长一

---

[1] 教育部社会科学司．学校思想政治理论课教师座谈会精神贯彻落实总体情况介绍[EB/OL]．(2022-03-17)[2022-12-20]．www.moe.gov.cn/fbh/live/2022/54301/sfcl/202203/t20220317_608134.html.

倍多，基本弥补了教师队伍长期以来存在的数量不足问题，师生比也总体达到了要求。教师数量充足对于办好思政课来说，是一项基础性工作，教师人数不足导致教学任务重、压力大，还会影响小班化的推行。教师的精力和注意力有限，一个教师带的班级和学生越多，越是难以顾及每个学生的实际需要、思想状况及其转变情况等，会影响到教学效果。从思政课教师队伍建设历程来看，我国一直十分重视思政课教师队伍数量的增加，但数量不足的情况曾长期困扰着思政课建设。中华人民共和国成立以后，我国百废待兴，思政课教师数量严重不足，我国也采取了许多应对措施（具体的在第一章关于“思政课教师队伍建设的历程回顾”部分已有详细论述，此处不再重复）。改革开放之初，我国思政课教师数量依然十分短缺，在相关重要文献中甚至提到：“有的院校一门理论课只有一个教师，教师一病，只好停课。”❶这一现象的出现说明当时对于增加思政课教师数量的急切。一直到了1993年，相关文献也还提到思政课教师队伍“数量不足及队伍不稳定的情况亟待解决”❷。到了2008年，在《中宣部 教育部关于进一步加强高等学校思想政治理论课教师队伍建设的意见》中，认为高校思政课教师队伍建设自改革开放以来特别是党的十六大以来，取得了较好成效，但在肯定成绩的同时，也指出了当时仍存在着不足之处，其中便包括：“教师队伍素质有待提高，数量不足，优秀中青年学术带头人缺乏。”❸可见，我国一直十分重视思政课教师队伍的数量问题，并不断探索解决方案，这也为新时代思政课教师队伍数量的增加提供许多值得借鉴的经验。

二、“质”的显著提升

党的十八大以来，思政课教师不仅在“量”的方面取得显著成绩，在“质”的方

---

❶《中华人民共和国学校思想政治理论课重要文献选编》编写组. 中华人民共和国学校思想政治理论课重要文献选编[M]. 北京：人民出版社，2022：475.

❷《中华人民共和国学校思想政治理论课重要文献选编》编写组. 中华人民共和国学校思想政治理论课重要文献选编[M]. 北京：人民出版社，2022：816.

❸《中华人民共和国学校思想政治理论课重要文献选编》编写组. 中华人民共和国学校思想政治理论课重要文献选编[M]. 北京：人民出版社，2022：1276.

面，也有了明显提升。"有高质量的教师，才会有高质量的教育。"❶党的十八大以来，习近平总书记高度重视思政课教师队伍建设，其提及的"培养什么人、怎样培养人、为谁培养人"和"四个主""六个要""八个相统一"等重要论述，为思政课教师队伍的高质量发展明确了方向，提供了遵循。同时，习近平总书记提出的"学校党委书记、校长要带头走进课堂""要配齐建强思政课专职教师队伍"，以及"鼓励教学名师到思政课堂上讲课""各地区各部门负责同志要积极到学校去讲思政课"等方面的指示，在破解当前思政课教师队伍建设的关键制约因素和突出问题上具有很强的现实指导意义和针对性。党的十八大以来，马克思主义理论学科发展受到了高度重视，2016—2021年，从全国马克思主义理论一级博士学位授权点看，其数量从39个增至104个；一级硕士学位授权点则由129个增至279个，两者都翻了一番多。从我国高校马克思主义学院数量看，2012—2021年10年间，由100余所发展到了1440余所。❷随着马克思主义理论学科的快速发展，硕士点和博士点大量增加，既为思政课教师的发展提供了学科支撑，也为办好思政课持续培养更多的高学历、专业化的高素质思政课师资力量，同时也促进了思政课教师队伍结构和素质的明显优化。高校2021年年底登记在库的9万多名专职思政课教师中，"49岁以下教师占77.7%，拥有研究生以上学历的占72.9%，具有高级职称的占35%"❸。思政课教师队伍中拥有硕博学历的人越来越多，年轻人的比例越来越高，队伍发展呈现出明显的高学历、专业化、年轻化的发展态势。思政课教师队伍的素质越来越高，也越来越有活力，学历结构和年龄结构都开始有明显优化，今后思政课教师队伍的高质量发展势头必然会更加强劲。

三、观念更新引发课堂教学变革

党的十八大以来，思政课教师不断地解放思想，更新观念，课堂教学改革与

---

❶ 把保障人民健康放在优先发展的战略位置着力构建优质均衡的基本公共教育服务体系[N]. 人民日报，2021-03-07.

❷ 教育部社会科学司. 学校思想政治理论课教师座谈会精神贯彻落实总体情况介绍[EB/OL]. (2022-03-17)[2022-12-20]. https://www.moe.gov.cn/fbh/live/2022/54301/sfcl/202203/t20220317_608134.html.

❸ 新华社. 我国高校思政课教师总数超过12.7万人[EB/OL]. (2021-12-07)[2022-12-20]. https://www.gov.cn/xinwen/2021-12/07/content_5659156.htm.

创新能力不断增强,教学效果日益显现。"有什么样的思政课教学理念,就有什么样的思政课教学实践"[1]。办好思政课,关键在教师,新时代向思政课教师提出了新的更高的要求,教师作为课堂教学的组织者和引导者,必须及时更新教育理念,才能更好跟上实践与时代发展的步伐。在思政课建设方面,党的十八大以来先后提出一系列新理念、新思想,包括"立德树人""课程思政""大中小学思政课一体化""大思政课"等,这也推动着思政课教师冲破传统教育理念的束缚,有助于他们更加深刻地理解新时代的教学改革要求,及时更新教育理念。也正是在这一系列新理念、新思想的催化下,思政课教师的理念不断地更新,视野更加广阔,格局也更大了,他们不再囿于学校、教室的时空束缚,开始走出教室,走出校园,走向生产和生活,走向红色文化教育基地,到更为广阔的天地,把"小课堂"搬到社会大课堂上。思政课不再是与社会实际相隔离的"孤岛","生活味"更浓了;思政课教师也不只是关注自己所在学段的"一亩三分地",各学段间的衔接更好了;越来越多的优秀党政干部、社科工作者、道德模范,以及各行各业涌现的先进代表进入了课堂,思政课课堂上不再是教师的"独角戏";党和政府、社会、家庭、学校相互配合,努力打好"组合拳"。这也引起了思政课教学范式的变革,打破了其在人们心中"刻板""乏味"的传统印象,使思政课课堂越来越具有亲和力、吸引力和感染力。

四、信息网络素养的建设成效

党的十八大以来,随着信息网络技术的不断发展,思政课教师的信息网络素养也不断提升。党的十八大以来,信息技术越来越广泛地应用到思政课堂教学中,以信息技术赋能驱动思政课的教学改革与创新,这在新时代已是大势所趋。作为新时代的思政课教师,也纷纷把握和顺应这一时代大势,努力提升自我的信息意识、信息知识,以及在课堂教学中运用信息的能力,自觉推动信息技术与思政课教学的深度融合,大大促进了思政课课堂的质量革命。党的十八大以来,随着信息技术的快速发展,"互联网+教育"已是热门话题,各地各校也高度重视信息技术与思政课教学的深度融合。"直播、短视频、H5等新媒体技术广泛运用于

[1] 吴潜涛,赵政鑫.党的十八大以来思政课教学质量建设成就述评[J].思想政治工作研究,2022(7).

思政课堂，形成了网上‘思政大课’新样态”[1]。其间，涌现了一批各级别的思政课线上一流课程、精品在线课程和在线开放课程平台，通过思政课在线课程的开发，充分发挥在线开放课程平台的开放性和互动性优势，促进了课间和课后的互动和交流，有助于网络教学资源的交流与共享。同时，让学生开展有效的线上学习，打破教学时空局限，促进学生自主学习能力的提升。通过线上课程建设，不仅有助于开展线上教学活动，更好服务于学生，还可以发挥思政课教师的团队力量，共同打造视频教学课程，使课程开放共享，促进教学合作与资源共享。而虚拟现实技术的独特优势和其在思政课教学中的应用，则进一步推动了思政课教学的内容、方式和手段等的变革。它能为思政课课堂教学提供更为直观、高效、多彩的材料，能给学生带来沉浸式视听体验。随着信息网络技术的不断发展、各类思政网络教学平台建设加快推进和思政课教师信息网络素质的提升，促进了思政课线上与线下、课内与课外教学的有机融合，让教学形式更加多样，内容更加丰富多彩，课堂也更具吸引力和感染力，也涌现了一批思政课“网红”教师，他们“圈粉”无数，起到了良好的教学效果。

五、队伍建设保障更加全面、有力

党不仅是思政课教师队伍建设的责任主体，党的坚强领导更是思政课教师队伍建设的根本保障。党的十八大以来，党对思政课教师队伍建设的领导不断强化、细化，如在《关于深化新时代学校思想政治理论课改革创新的若干意见》中，将“加强党对思政课建设的领导”[2]作为独立部分作了专门要求，其中提到了“高校党委书记、校长每学期至少给学生讲授4个课时思政课”[3]等具体要求。再如，在《关于加强新时代中小学思想政治理论课教师队伍建设的意见》(以下简称为《意见》)中，也提到包括“建立地方党政领导、教育主管部门领导和学校领导联

[1] 教育部社会科学司．学校思想政治理论课教师座谈会精神贯彻落实总体情况介绍[EB/OL]．(2022-03-17)[2022-12-20]．https://www.moe.gov.cn/fbh/live/2022/54301/sfcl/202203/t20220317_608134.html.

[2]《中华人民共和国学校思想政治理论课重要文献选编》编写组．中华人民共和国学校思想政治理论课重要文献选编[M]．北京：人民出版社，2022：1535.

[3]《中华人民共和国学校思想政治理论课重要文献选编》编写组．中华人民共和国学校思想政治理论课重要文献选编[M]．北京：人民出版社，2022：1536.

系中小学思政课教师制度”，以及“加强党建引领”等要求。[1]在2022年3月，教育部社会科学司在总结党的十八大以来，特别是开展学校思想政治理论课教师座谈会以来，学校思政课建设的主要进展和成效时，也专门讲到“加强党对思政课建设的全面领导，形成合力办好思政课的工作格局”[2]方面的成效，具体的还包括：“普遍建立省级领导听讲调研思政课制度，采取有效措施，着力解决思政课编制岗位、教师津贴、培训经费、项目研究等突出问题。”[3]在制度和政策保障方面，不仅出台了前面提到的《关于加强新时代中小学思想政治理论课教师队伍建设的意见》，还出台了《新时代高等学校思想政治理论课教师队伍建设规定》等直接涉及思政课教师队伍建设的政策和文件，在《高等学校思想政治理论课建设标准（2021年本）》（以下简称《标准》）中，也专门提到了“队伍管理”，在“政治方向”“教师选配”“师德师风”等6个方面都给出具体的指标要求，并明确了每个方面的责任部门，比如“教师选配”的责任部门是“人事处”[4]。其间还有其他许多文件中都涉及思政课教师队伍建设。这一系列政策和文件的出台，不断完善了思政课教师队伍建设的制度保障体系。党的十八大以来，也十分重视为思政课教师队伍成长提供坚强的舆论保障，要求形成一个全党全社会关心、支持思政课教师的良好社会氛围，以及加大思政课教师先进典型的宣传等。在物质保障方面，要求提高思政课教师待遇，“收入不低于本校教师平均水平”，还包括优化思政课教师办公环境，“加强信息化建设”等方面的举措。[5]在前面提到的《标准》中，也有

[1]《中华人民共和国学校思想政治理论课重要文献选编》编写组．中华人民共和国学校思想政治理论课重要文献选编[M]．北京：人民出版社，2022：1549.

[2] 教育部社会科学司．学校思想政治理论课教师座谈会精神贯彻落实总体情况介绍[EB/OL]．(2022-03-17)[2022-12-20]．https://www.moe.gov.cn/fbh/live/2022/54301/sfcl/202203/t20220317_608134.html.

[3] 教育部社会科学司．学校思想政治理论课教师座谈会精神贯彻落实总体情况介绍[EB/OL]．(2022-03-17)[2022-12-20]．https://www.moe.gov.cn/fbh/live/2022/54301/sfcl/202203/t20220317_608134.html.

[4]《中华人民共和国学校思想政治理论课重要文献选编》编写组．中华人民共和国学校思想政治理论课重要文献选编[M]．北京：人民出版社，2022：1657-1658.

[5]《中华人民共和国学校思想政治理论课重要文献选编》编写组．中华人民共和国学校思想政治理论课重要文献选编[M]．北京：人民出版社，2022：1393.

专门的“经济待遇”[1]相关内容，其中的三级指标中包含了思政课教师的岗位津贴，课时补助，以及工作量、课酬计算标准等方面的具体要求，并明确责任部门为人事处和教务处。

第二节 新时代思政课教师队伍建设的现实境遇

党的十八大以来，在党和国家的坚强领导下，思政课教师队伍建设取得了显著成绩。思政课教师队伍建设越来越能反映时代发展需求，教师队伍建设力度不断加强，教师教学能力不断提升，师资队伍建设不断完善，为思政课守正创新提供了重要基础。有了这些基础和条件，思政课教师逐渐成为“可信、可敬、可靠，乐为、敢为、有为”[2]的教师典范，但不可否认的是，当前部分教师在师德师风、话语阐释等方面还面临着一定挑战。

一、师德师风建设需要加强，以强化意识形态主导力

青少年阶段是人生的“拔节孕穗期”，最需要精心引导和栽培。当今世界，价值多元化对社会主义价值观教育提出了挑战，外来文化的消极思想在我国社会领域持续渗透，学校作为意识形态斗争的主阵地，如何避免思政课传递的正能量被西方错误思潮和言论所消解成为当前需要重点解决的问题。在实践中，少数思政课教师师德行为存在偏差的原因有四，一是缺乏坚定的理想信念，不能旗帜鲜明地传播马克思主义理论。主要表现在：对马克思主义理论存在“坚守”与“失守”，“真信”与“假信”的心理矛盾，淡化思政课意识形态色彩，弱化马克思主义的指导地位，打着“在马言马”的旗号却“夹带私货”，对于马克思主义中国化的最新理论成果存在“跟进”与“疏远”的选择纠结，有的教师对不良思潮、反对马克思主义采取避而远之的态度。二是少数思政课教师教学视野局限，缺乏对课堂教学的延伸拓展能力，缺乏必要的敬业奉献精神，对教学形式和方法的探讨能力稍

[1]《中华人民共和国学校思想政治理论课重要文献选编》编写组．中华人民共和国学校思想政治理论课重要文献选编[M]．北京：人民出版社，2022：1658.

[2] 用新时代中国特色社会主义思想铸魂育人　贯彻党的教育方针落实立德树人根本任务[N]．人民日报，2019-03-19.

显不足，不能很好地运用辩证唯物主义和历史唯物主义的观点看问题，不注意课堂讲授的言语导向性，导致思政课课堂教学亲和力不强、学生获得感不足，影响教师工作的示范性。三是部分教师岗位教学“失责”现象拉低了教师团队的胜任力。部分教师对教育事业缺乏神圣感和使命感，出现职业倦怠、安于现状，缺乏一定的自律意识，岗位教学缺乏一定的主动性和自觉性；有的教师奉行功利主义，教风浮躁，缺乏必要的团队协作精神，把教师职业当成副业。四是少数教师存在学术腐败、学术造假等失信行为。这些思想上、行为上、学术上的“失范”情况严重影响了马克思主义在意识形态领域的主导地位，拉低了思政课教师的职业形象。

二、话语阐释能力需要加强，以强化课堂教学感染力

经济全球化、一体化发展所滋生的文化选择多元化、价值取向多样化以及西方“普世价值”等思潮的多角度渗透，严重影响了思政课的教学话语实效，这种话语阐释“失效”现象弱化了课堂教学的亲和力、感染力。一是话语阐释信度层面。当前部分思政课教师对抽象的马克思主义理论知识和具体实际相结合的能力不足，教学话语的凝练和改造能力稍显薄弱，语言表达不流畅，甚至词不达意、缺乏一定专业性，导致在回应社会现实问题和热点问题时，往往会产生话语阐释误差，降低话语阐释信度。二是话语阐释效度层面。部分思政课教师自身对国家政策、理论的解读和转化能力不够，缺乏一定的准确性和全面性，无法很好地将教材语言向教学语言过渡。极少部分教师教学话语政治立场不坚定，出现了在思政课教学中“失语”、教材中“失踪”、论坛上“失声”的奇怪现象。三是话语阐释“温度”层面。从实践效果来看，部分思政课教师教学话语的感染力不足，学生获得感不强，缺乏与学生语言交流的技巧，主要体现在教材语言的学术性、政治性与教学话语的艺术性、幽默性的衔接断裂，降低了话语阐释的“温度”。此外，如何提升大班授课与小班教学的话语转换能力也成为当前思政课教师亟待解决的问题。因此，如何有效扭转话语阐释“失效”现象，来提升课堂教学感染力的问题，成为新时代思政课话语体系创新的基本前提。

三、师资队伍结构需要优化，以强化学科建设支撑力

党的十八大以来，全国各级各类学校采取多种形式加大思政课教师队伍的建设力度，取得了一定的成绩，但在队伍建设中还存在一些不足。首先，表现在整体素质层面上的不均衡。部分思政课教师在课程教学、学科建设、学术研究等各领域不同程度地表现出相关能力的不足，问题导向意识不强，部分思政课教师的主要精力集中于教学工作，对教学研究缺乏深入思考，无法有效平衡教学与研究、本职工作与奉献社会，使得教师的个性化发展与标准化要求之间难以平衡。其次，表现在师资队伍发展层面的不均衡。部分学校思政课教师队伍整体呈现年龄结构分段集中现象，教师队伍建设存在梯队短板，部分学校缺乏具有影响力的学科带头人，青年教师后备力量薄弱。再次，思政课教师培训模式还需进一步多样化，要建立系统的培训体系，不能只停留在听报告、学术交流研讨、开座谈会等传统模式上，以更好让学科建设为思想政治理论课教学提供有效的学理支撑。最后，体现在职称评定层面的不均衡。部分学校人事制度相对僵化，用人机制不够灵活，职称评定更侧重于教师学术能力与科研水平的高低而较为忽视教学的权重，与学校发展的目标定位不匹配；评审程序不够明确，导致高级职称人数偏少，比例偏低，晋升困难，难以有效满足学科发展需求和教学需要，这种现象直接影响到教师队伍的职业获得感。

第三节　新时代思政课教师队伍建设的影响因素分析

新时代思政课教师队伍建设的影响因素十分复杂，涉及方方面面，既有新时代实践层面的成就和理论方面的创新因素，也有全球化、网络信息技术发展等宏观层面的影响因素，还受政策、社会环境、校园文化等因素的影响。此外，思政课教师队伍群体内部因素影响着思政课教师队伍建设，包括专业、学历、职称、入职年限以及非理性因素等内部因素，这些对思政课教师发展的影响都不可忽视。

一、新时代建设实践及成就大大推进了思政课教师队伍建设

党的十八大以来，党带领广大人民攻坚克难，取得了许多让全国各族人民为之自豪，让世界为之惊叹的成就，包括中国特色社会主义进入了新时代、全面建成了小康社会、打赢了脱贫攻坚战、改善了民生等。在科技领域，科技创新能力显著增强，从“天宫”到“蛟龙”，从“天眼”到“悟空”，再到C919大型客机等，一大批重大科技成果问世。在美丽中国建设方面，2022年9月15日，中共中央宣传部举行“中国这十年”系列主题新闻发布会，生态环境部部长黄润秋介绍，“十年来，我国改革生态环境和自然资源的管理体制，生态文明建设谋篇布局更加完善、系统、成熟。”[1]党的十八大以来我国各方面所取得的一系列成果，既能为思政课教师队伍建设提供坚实的物质基础，也能为思政课教师开展思政课教学提供最为鲜活的教学素材。这一系列成就的取得，也进一步印证了中国特色社会主义道路上的正确性和理论体系上的科学性，彰显了我国制度上的优越性和文化上的先进性，有助于思政课教师更加理直气壮、充满自信地讲好思政课，引导学生坚定“四个自信”。

随着中国特色社会主义进入新时代，我国人民对美好生活的期望越来越高。而在新时代，要满足人民的美好生活需要，不仅是物质层面需求的满足，更是要关注精神文化层面的需求。随着我国经济的发展和人民生活水平的不断提高，人民的物质基础更加殷实、丰厚。在物质层面的需要逐步得到满足后，精神层面的强烈需要正日益凸显。就思政课教师队伍建设而言，思政课教师在满足学生精神需要，为学生美好生活提供“精神食粮”方面，需主动承担起相应的责任和使命。习近平总书记指出：“要炼就‘金刚不坏之身’，必须用科学理论武装头脑，不断培植我们的精神家园。”[2]对于思政课教师来说，这首先就需要自身加强理论学习，用科学理论武装自身，牢固树立马克思主义信仰，进而能更好引导和教育学生，培养学生的相关理论素养，强化学生对于科学理论的认同，这样才能为自身

❶ 央广网．十年来我国生态文明建设和生态环境保护取得历史性成就［EB/OL］.（2022-09-16）［2022-12-20］. https://baijiahao.baidu.com/s?id=1744086406713517141&wfr=spider&for=pc.

❷ 习近平．坚持用马克思主义及其中国化创新理论武装全党［J］. 求是，2021（22）.

和学生建构起精神家园。要把满足学生精神需求和引导教育学生、提高学生素养相结合，思政课教师要善于通过课堂教学，以党领导人民所开展的革命、建设和改革历程中所涌现出的视死如归的革命烈士、顽强奋斗的英雄人物和忘我奉献的先进模范为案例，打造一个能丰富学生精神世界、促进学生全面成长的精神高地，不断增强学生的精神力量，满足学生的精神需求。要“讲清楚中华文化积淀着中华民族最深沉的精神追求，是中华民族生生不息、发展壮大的丰厚滋养”[1]。中华优秀传统文化作为中华民族独特的精神标识，在培育爱国主义精神，以及增强民族自豪感和自信心等方面都具有极大价值意义，在当前依然能够为人们提供丰富的精神食粮。思政课教师不仅要认真学习和继承优秀中华传统文化，感受其博大精深，增强文化自信，做忠实继承者，还要探索中华优秀传统文化融入课堂教学的有效方式方法，自觉做中华优秀传统文化的弘扬者和宣传者，增强学生的文化自信。这也使得新时代的青少年学生，展现出了更多的自信，他们为中国的发展和取得的成绩而感到自豪，他们是中国快速发展的亲眼见证者，刚刚经历了中国实现“第一个百年奋斗目标”，他们对于“实现第二个百年奋斗目标”也更有信心，这些也让当代学生获得了更为充足的“平视世界”的底气。因此，对于思政课教师，要善于掌握新时代学生的这些学情变化，要善于用党的十八大以来的亲身经历和目睹我国社会主义现代化建设的成功实践和伟大成就来引导教育学生，激活他们的民族自豪感，以及坚定他们对党和国家的信任。此外，还要引导他们不忘前人矢志不渝地奋斗和付出，才有了今天的美好生活，要教育引导他们在新时代磨砺自己，向前辈学习，接续奋斗不懈怠，这样才能不负所托。

二、新时代党的理论创新引领着思政课教师队伍建设

党的十八大以来，随着中国特色社会主义实践不断向前发展，党的理论创新也不断向前推进。思政课教师的一个重要任务，就是要用党的理论创新成果，特别是我党理论创新的最新成果，来武装学生头脑。在新时代，面对新征程上的新机遇，以及各种新困难和新考验，需要不断地推进理论创新，以更好研究新情况、

[1] 习近平.习近平谈治国理政(第一卷)[M].北京:外文出版社,2014:155.

解决新问题。作为思政课教师,必须时刻关注党的理论创新动向,及时跟进党的理论创新最新成果的学习,特别是要加强习近平新时代中国特色社会主义思想的学习,并在弄懂学透的基础上,还要将学习的成果转化为破解难题和推进思政课教学实际工作的能力,自觉用党的理论创新成果引领自身实践,探索以其武装学生头脑,鼓舞学生斗志的有效方式,让学生及时了解党的理论创新的最新成果,领悟这些成果的来之不易,用党的科学理论引导教育学生,推动学生自觉地将自己的人生理想融入党和人民的事业之中,在新时代实现中华民族伟大复兴的新征程中实现自我价值。

三、全面深化改革对思政课教师队伍建设产生深刻影响

在2023年3月5日国务院的《政府工作报告》中,总结过去五年我国经济社会发展所取得的成就时,便提到改革开放持续深化这一内容,其中涉及推动构建新发展格局、供给侧结构性改革等方面的内容。党的十八大以来,以习近平同志为核心的党中央高度重视全面深化改革。当前的改革,复杂程度前所未有。“现在,同过去相比,中国改革的广度和深度都大大拓展了”❶。但我党全面深化改革的决心前所未有,力度也前所未有,“就是改革再难也要向前推进”❷。对于改革,也更加注重顶层设计,需要增强系统性、整体性和协调性,统筹推进各领域改革。1978年党的十一届三中全会的召开,作为改革开放的开端,无疑是第一个重要关头。而如今,一方面,我国的改革取得了举世瞩目的巨大成就,另一方面,全面深化改革已经到了涉“深水区”、啃“硬骨头”的关键阶段,当前推进改革的复杂程度、敏感程度和关注程度,一点也不亚于40多年前。“新的重要关头”简洁明了地说明了当前改革的形势和面临的状况。

在这样的形势下,思政课教师必须主动承担起自身责任,把自身的工作和党的改革事业相结合。其中,首先要勤于学习,不断提升自我思想认识水平和辩证思维能力,勇于突破习惯性思维束缚,不断地自我解放思想。要全面深化改革,离不开思想的解放,只有不断地解放思想,实现观念的更新和思维方式的变革,才能冲破传统思维上的束缚,勇于突破利益固化的藩篱,更好为全面深化改革扫

❶ 习近平 . 习近平谈治国理政(第一卷)[M]. 北京:外文出版社,2014:100.

❷ 习近平 . 习近平谈治国理政(第一卷)[M]. 北京:外文出版社,2014:101.

除思想上的障碍,也只有这样,全面深化改革才能实现持续突破。因此,加强思政课教师队伍建设,还要不断提高他们的思想理论水平和辩证思维能力。只有马克思主义理论的基础扎实了,各方面的知识丰富了,才能更好地在马克思主义理论指导下,认识和把握新时代错综复杂的矛盾和问题,才能更好地研究新情况,解决新问题,为全面深化改革提供坚实的思想保障。在这里,特别是要组织和加强对党的最新理论创新成果的学习交流与研讨,才能使思政课教师更好将马克思主义基本原理和中国实际相结合,研究新时代的新情况,善于面对和应对新时代的种种新矛盾和新挑战,提升分析和解决中国当前实际问题的能力,也有助于更好地破除他们对马克思主义教条式的理解。如果忽视党的最新理论创新成果的学习与研究,对新形势、新任务缺乏了解,新的思想观念就难以确立起来。

全面深化改革是我国坚持和发展中国特色社会主义的强大动力,改革开放的实践也使我们深刻认识到,只有通过改革开放,才能建成社会主义现代化强国,实现中华民族伟大复兴。但越是全面深化改革,越要加强思政课教师队伍建设;越是变革时期,越要警惕各种错误思想观念的发生和给思政课教师带来的消极影响。当前,世界范围内各种思想文化交流、交融、交锋更加频繁,意识形态领域的斗争态势也愈发复杂多变。例如,西方的历史虚无主义试图通过精心策划的叙述策略来影响我国人民的文化自信。在这种情况下,必须不断加强思政课教师的理论武装,增强他们坚持党的基本路线的自觉性和坚定性,帮助他们牢固树立正确的政治方向和立场,坚定他们的政治信仰,不断提高他们的政治敏感性和是非鉴别能力,这样才能使他们不至于在当前错综复杂的形势下迷失前进方向。

对于全面深化改革,思政课教师不仅自身要提高思想认识,还要善于通过课堂教学,传播改革发展正能量,凝聚学生改革发展的共识,激发学生的创造精神,引导他们关注和理解党领导人民所进行的改革,大力支持全面深化改革,并积极参与改革之中,做全面深化改革的坚定拥护者和积极参与者。在这里,可以用党领导人民所进行改革的历程和所取得成就引导学生,坚定他们对于改革的信心和信念,也要让他们明白,改革成就的取得来之不易。例如,在2020年10月14

日，深圳经济特区建立40周年庆祝大会在深圳举行，习近平总书记在会上发表了重要讲话，从五个方面对“40年来”深圳经济特区改革发展事业所取得的成就进行高度概括，其中还有许多翔实的数据，如在坚持解放思想、与时俱进方面，提到了“首创1000多项改革举措”。[1]要用这些鲜活的案例，翔实的数据激励学生的改革创新热情，坚定他们对于全面深化改革的信心。同时，更要引导学生充分认识到，在全面深化改革过程中，难免会出现种种困难和挑战，因此，要坚定理想信念，要有大局意识，能始终坚定地站在时代一边，站在改革一边。要引导学生在变幻莫测的世界风云中，在中国的历史与现实中，准确把握改革规律，认清全面深化改革是大势所趋。历史一再证明，停顿和倒退没有出路，思想僵化、故步自封，必将被时代所淘汰。在新时代，面对新一轮科技革命和产业变革，面对错综复杂的国内外形势，只有坚持全面深化改革，才能更好抢占制高点、把握主动权。

四、全球化对思政课教师队伍建设带来了双重影响

经济全球化背景下，思政课教师队伍建设的外部环境发生了深刻的变化。一方面，全球化对我国经济社会的发展无疑有着巨大推动作用，包括为国际贸易发展提供更大空间，促进各国间的信息交流，能互通有无，促进知识的共享，加速技术上的创新步伐，等等。对于思政课教师来说，也有助于更好树立全球视野，在马克思主义理论指导下，批判吸收和借鉴人类优秀思想文化成果，以及全球化背景下更好地了解各国的先进理念和理论成果，包括教学上的新方法、新理念等。另一方面，对思政课教师队伍建设的负面消极影响也不可忽视。随着全球化的深入发展，世界格局的深刻变动，以及我国对外开放的大门越开越大，各种社会思潮借着全球化浪潮涌入我国，各国间思想文化领域的交锋与较量也更加激烈。这使得意识形态领域的安全问题也日益凸显，渗透与反渗透斗争十分激烈，形势十分复杂，竞争也更为隐蔽。在全球化影响下，人们的思想更加多样化，价值取向也更加多元化。在这样复杂的国内外形势下，对思政课教师来说，就是要以社会主义核心价值观引领新时代的意识形态建构，以更好地在各种思想观

[1] 习近平．在深圳经济特区建立40周年庆祝大会上的讲话[J]．中华人民共和国国务院公报，2020(30)．

念激烈碰撞、各种文化相互交织的情形下，能够统一师生的思想，为中华民族伟大复兴凝聚磅礴之力。

在这一背景下，思政课教师队伍建设首先必须加强理论学习，把马克思主义及其中国化创新理论，特别是用习近平新时代中国特色社会主义思想这一马克思主义中国化的最新成果来武装自己，坚定理想信念，作为当前和今后的一项长期任务。只有加强理论学习，不断提高思政课教师的理论素养，提升用马克思主义及其中国化创新理论来解决新问题、迎接新考验的能力，才能更好地保证自己在新时代沿着正确的方向不断前进。思政课教师要加强对党的最新理论创新成果中涉及的新理论、新观点、新论断的学习与研究，要积极做好党的最新理论创新成果进教材、进课堂、进头脑的工作。党的最新理论创新成果是在实践中产生和发展起来的，有着深厚的实践基础，能在新时代指导中国特色社会主义伟大实践中彰显强大引领力。历史已经证明，在马克思主义及其中国化创新理论的指引下，中国特色社会主义事业不断地向前发展，中国能以世界上少有的速度持续快速地发展起来，国家面貌日新月异，人民生活不断改善，综合国力不断提高。思政课教师不仅要教育广大学生，使其对马克思主义及其中国化创新理论，特别是习近平新时代中国特色社会主义思想，要有深入的认识和了解，同时也要用建设和发展中国特色社会主义的实践中所取得的最新成绩说服人、引导人，不断增强学生对马克思主义及其中国化创新理论的政治认同、理论认同和情感认同。

全球化背景下，思政课教师要及时更新教学理念和内容，创新教学方式方法。思政课教师要主动转变观念，在学生思想政治素质的形成过程中，不仅要关注学生相关知识的获得，而且还要重视对学生在思想政治方面的判断、选择、建构等主体性能力的发展。全球化进一步打破了信息流通的地域限制，信息资源的流通速度更快了，共享程度更高了，跨地域、跨文化的思想交流与沟通也更为普遍和频繁，人们的思想变得更为活跃，观念更新的速度也不断加快，呈现在学生面前的可选信息量越来越大。在这种形势下，必然要求思政课教师更加充分地尊重学生的主体地位，重视学生分析信息、鉴别信息和利用信息的能力培养，培养自主学习能力，使学生能对各类信息进行甄别和筛选，只有这样思政课教师才能更好地回应全球化提出的新要求，也能让思政课教师更好地服务于时代发展和人的发展。同时,思政课教师要及时更新课程教学内容,以跟上不断发展的形势要求。例如,一些西方发达国家往往会利用自身在科技与经济等方面的优势,在全球化的外衣下,以隐蔽的方式,把自身的意识形态和价值主张大肆向其他国家渗透,这也会在无形中对我国主流价值观的认同产生挑战,会使一些人出现主流意识形态淡化和马克思主义信仰弱化等现象,这是新时代思政课教师必须面对和应对的问题。因此,思政课教师一方面要严格要求自己,自觉践行社会主义核心价值观,经常对照反思,做社会主义核心价值观的积极践行者和示范者,另一方面要在课堂教学中积极传播正能量,大力弘扬社会主义核心价值观。全球化背景下,由于意识形态的渗透更具隐蔽性,如在休闲娱乐中、日常交往中,都在无形中会受到影响。对此,思政课教师要转变观念,创新方式和手段,不能单单依靠传统课堂教学,要让学生在实践体验、日常交往以及学生生活中实现思想转变。因而,也就需要思政课教师开阔视野,加强与其他育人主体的协同合作,整合各方面教育资源,共同推进学生思想政治素质的提升。

五、信息技术条件下思政课教师队伍建设机遇与挑战并存

党的十八大以来,随着移动互联网、大数据、云计算,以及人工智能等信息网络技术的飞快发展,智能手机、平板电脑、智能手表等移动智能终端也越来越智能化,传输速度越来越快,使用也越来越方便,这极大地变革着思政课的教学模式。党的十八大以来,鼓励倡导科技创新赋能思政课教师队伍的建设,鼓励思政课教师在思政课堂中运用人工智能、大数据抑或是新媒体手段进行思想政治理论课的传授,让学生体验沉浸式的教学模式,在多样化的教学手段运用中提升学生的接受效果。在思政课教师进行培训时也充分发挥互联网的功能,可以便捷地实现思政课教师跨区域之间的信息共享与交流学习,加强专业思政课教师与其他学科教师的协同与合作。此外,微信、微课程、微公益等一批"微"事物的涌现,宣告着"微时代"的到来。党的十八大以来,微课程在思政课教学中已经广泛运用,这也要求思政课教师发展好"微能力"。同时,大数据技术逐步兴起,其重要性正日益显现,并越发明显地影响着思政课教学,如数字马院建设方兴未艾。

这些新技术的发展,新事物的出现,对思政课教师来说,既是难得的机遇,也是巨大的挑战。例如,思政微课程虽短小但十分精练,能够围绕思政课中的一个热点小问题进行设计和制作,能切实回应学生关注的热点话题,而且学生选择的自主性强,并可以反复播放,打破了思政课教学的时空限制。因此,思政课教师必须掌握相应的"微技术",具有相应的"微素养",才能够运用各类微平台,通过巧妙设计各类微专题,大力传播微理论,使马克思主义及其中国化创新理论能够更好走进学生的"微生活"。但其负面消极影响也不可忽视。在"微时代",每个"微民"都可成为信息的发布者与制作者,能和想要的"信息源"联系,并且人人都可以发声,学生的信息来源也更具多样性,这些信息鱼龙混杂,如果学生缺乏相应的辨别能力,极易被其中一些消极的、不利于学生思想发展的信息所捕获,对学生的成长成才都十分有害,也会极大影响思政课的教学效果。因此,思政课教师要发展好"微能力",善于通过培养学生的辨别能力,以及做学生"微生活"中的导师等,提供"微空间"的舆论引领力,努力净化"微空气"。

六、政策、社会环境、校园文化等影响因素分析

良好的政策对思政课教师的发展会产生巨大影响。党的十八大以来,以习近平同志为核心的党中央,十分重视思政课教师队伍的建设,有关部门相继出台一系列思政课教师队伍建设的相关政策,为思政课教师队伍建设营造出良好的政策环境,能让思政课教师发挥出自身的最大价值,为思政课教师更好实现立德树人的任务与使命,为他们的成长成才提供了政策保障。党的十八大以来,思政课教师的相关政策的激励作用更为明显,不断激发了思政课教师的内在动力。这些激励政策,既有物质奖励层面的,也有精神层面的。物质奖励方面,如在2020年《关于贯彻落实新时代高等学校思想政治理论课教师队伍建设规定的实施方案》中,明确提出要"加大思政课教师科研支持力度""加大经费保障力度"等。党的十八大以来还加强了思政课教师的荣誉激励,思政课教师的表彰机制不断完善,在2021年《教育部办公厅关于开展第二届全国高校思想政治理论课教学展示暨优秀课程观摩活动的通知》中,在活动目标中便提到了"表彰宣传一

批可信可敬可靠、乐为敢为有为的优秀思政课教师”[1]。

社会环境对思政课教师队伍建设产生巨大影响。要凝聚社会各方力量，打好“组合拳”，实现思政课教师队伍的高质量建设。对于社会公众来说，要积极关注思政课教师队伍建设，既关心、理解和支持思政课教师，也参与对思政课教师师德师风、日常言行等方面的监督；要引导全社会形成正确的舆论方向，社会公众尊重思政课教师，给予思政课教师最大的支持。相关组织和部门要给予政策上的支持，为思政课教师队伍建设保驾护航。

在思政课教师队伍建设中，要重视校园文化的影响与优化。思政课教师长时间在学校里教学、学习和生活，校园文化会时刻影响着他们。优良的校园文化能够营造出良好的氛围，会对其成员起到很强的导向和规范作用。在学校里，不管是学校的校训校规，还是师生的一言一行，都会在悄无声息中影响着思政课教师，作为学校中的一份子，会使他们在无形中趋向多数人所公认的或学校所倡导的价值理念和行为要求。校园文化可以以其所包含的为其成员普遍认同的价值理念引导师生员工，促进他们之间思想与情感的交流，能营造出一种大家庭的和谐氛围，把成员紧紧地凝聚起来，能有效增强大家的认同感和归属感。在这样的校园文化中，无疑能增进思政课教师对于学校、对于教学工作的热情，能使他们把教书育人工作和学校的发展更好地协调统一起来。校园文化经过长期的积淀，是蕴含在师生深层心理中的巨大而稳定的力量，会渗透到学校的教学、科研、管理、服务等方方面面，思政课教师长期在其中学习、工作和生活，他们的价值理念、思维方式，以及思想情感等必然会在无形中受其影响。

还有其他很多方面的因素，都会对思政课教师队伍建设产生影响，如思政课教师之间建立良好关系，互促共进，更有利于促进思政课教师的队伍建设。学校是否有相应的高水平的平台，为思政课教师的成长提供更好机会，是否有团队和名师带动，以及思政课教师个人的生活境况等，都会影响到思政课教师队伍建设。

---

[1]《中华人民共和国学校思想政治理论课重要文献选编》编写组．中华人民共和国学校思想政治理论课重要文献选编[M]．北京：人民出版社，2022：1634．

七、思政课教师队伍自身内在相关影响因素分析

思政课教师自身的知识结构、成长经历,以及非理性因素等内在因素,对思政课教师队伍建设的影响不可忽视。

思政课教师的专业背景和知识结构会对思政课教师的发展产生巨大影响。例如,专业背景和知识结构会对思政课教师的教学兴趣点、擅长的教学内容等产生影响。在高校《思想道德修养与法律基础》课程教学中,有伦理学、思想政治教育专业背景的教师,往往更擅长思想道德修养部分的教学;而法律相关专业的教师,则在法律基础部分往往更能发挥专业特长。在实际教学中,通过相关专业教师间的交流和互助,则能推进整体教学效果的提升。例如,台州学院马克思主义学院通过“1+N”教学改革,倡导教研室教师根据专业所长和知识积累情况,开展合作教学,有助于教师间更好实现专业和知识结构上的优势互补。在思政课教师队伍中,除了马克思主义理论学科相关专业的思政课教师,还有不少具有其他学科背景的思政课教师。当前,也需要吸收与思政课教学内容相关的学科的优秀人才,经培训后加入思政课教师队伍。一些学校由于院系调整、专业调整等原因,也会有其他专业背景的思政课教师。但不管原先专业背景和知识结构如何,作为思政课教师,都要加强马克思主义理论的学习,积极把握马克思主义理论学科的发展前沿与发展动态,深入理解马克思主义及其中国化创新理论,并增强马克思主义理论学科意识和学科归属感,以更好为思政课教学提供学科支撑。除了要有坚实的马克思主义理论功底,思政课教师还要不断开阔视野,掌握多学科的相关知识,不断优化自身知识结构,以更好满足课程教学要求。思政课教学内容涉及广泛,需要思政课教师有广博的学识。有研究者将高校思政课教师的知识素养概括为9个方面,除了与马克思主义理论学科相关的几个方面的知识要求之外,还提出了要有“基本历史知识和历史学素养”“教育学、伦理学、心理学、法学、公共关系学、职业规划等学科的基本理论和技能”“当代世界经济政治的知识”“文学、哲学、艺术等人文知识素养”等。[1]思政课教师要不断拓宽知识视野,“如果囿于某个单一学科,得出的结论势必会只见树木而不见森林”[2]。思政课教

---

❶ 饶明奇. 高校思政课教师要有宽广视野[N]. 河南日报,2020-09-11.

❷ 徐奉臻. 视野要广:思政课教师的基本功[J]. 思想政治教育研究,2019(3).

师在夯实马克思主义理论功底的同时，要不断扩展视野，让自身有广博的学识，这样才能在课堂上旁征博引，让课堂更有说服力和吸引力。

思政课教师的人生经历与实践经验也影响着思政课教师的成长。对于思政课教师而言，不仅要以自身渊博的学识，还要以自身丰富的经历和阅历，来引导学生，点燃他们对真善美的向往。思政课教师要在积极参与社会实践和调查研究中，丰富经历和阅历，积累经验。同时，思政课教师还要在教学实践中积累教学经验，积极参与交流、研讨，以汲取他人的宝贵经验。此外，还要注重反思，美国心理学家波斯纳提出了一个教师成长的公式："成长=经验+反思"。积累了充足的教学经验，但不进行反思，不吸取经验教训，教学也只是经验的重复，教师也难以成长起来。

非理性因素对思政课教师成长有着巨大影响。非理性因素是相对理性因素而言的，是指人的情感、意志，包括动机、欲望、信念、信仰、习惯、本能等。在思政课教师队伍建设中，要高度重视理想信念的作用。"为什么我们过去能在非常困难的情况下奋斗出来，战胜千难万险使革命胜利呢？就是因为我们有理想，有马克思主义信念，有共产主义信念。"[1]思政课教师要有对马克思主义的坚定信仰，对中国特色社会主义的高度认同，还要有实现中华民族伟大复兴的强烈信念，这样才能更好教育引导学生坚定理想信念。思政课教师要有家国情怀，要热爱自己的国家与民族，并善于以情动情，以此激发学生的爱国情、报国志。要上好思政课，还要求思政课教师要有坚定的意志。意志是人们为了达到既定的目标而自觉努力的心理状态。思政课对教师的综合素质要求高，要真正上好思政课是有较高难度的，这也要求思政课教师在教学中遇到困难和挫折时要有更多坚韧的力量，有敢于迎难而上的勇气。同时，思政课教师在推进教学改革与创新中，也需要有坚定的意志，在遭受挫折和失败时不退缩，有克服困难的信心和开拓创新的智慧。思政课教师作为马克思主义的信仰者、传播者和践行者，要担负起时代赋予的历史责任，要有学习、坚持、发展和传播马克思主义的坚定意志，能坚如磐石，保持政治定力，不被各种错误观点所左右，不被各种干扰所迷惑，这样才能更好地引导和教育学生，培养他们良好的意志品质，筑牢他们的思想根基。

---

[1] 中共中央宣传部. 毛泽东邓小平江泽民论思想政治工作[M]. 北京：学习出版社，2000：32.

总之,思政课教师队伍建设既要重视外在各因素的影响,也要关注内在相关因素的影响。只有内外结合对各影响因素进行全面的分析和解读,才能做出科学合理的判断,进而为相应实践策略的制定奠定基础。

第六章　新时代思政课教师队伍建设的逻辑理路与机制建构

第一节　新时代思政课教师队伍建设的逻辑理路

本部分将从历史逻辑、内在逻辑、理论逻辑和实践逻辑等四个维度，全面揭示党的十八大以来思政课教师队伍建设中自身所具有的特定逻辑。

一、历史逻辑

党的十八大以来思政课教师队伍建设的历史逻辑。从思政课教师队伍建设的历程看，其汲取了我国长期探索的宝贵经验，继承了以往很多好的做法。正如习近平总书记所说："思政课建设长期以来形成的一系列规律性认识和成功经验，为思政课建设守正创新提供了重要基础。"[1]我国思政课教师队伍建设在长期的探索实践中，获得了很多弥足珍贵的经验，其中包括了许多经过实践的反复检验，确定行之有效的经验和成熟的做法，已经通过文件、政策等，正以制度化的方式推动着思政课教师队伍的科学、规范和健康发展。思政课教师队伍建设需要时常反思，从长期的建设历程中汲取智慧，总结经验，把握规律，以更好推进新时代思政课教师队伍的建设实践。

从历史文化方面看，思政课教师队伍建设要不断汲取中华优秀传统文化的丰厚滋养。党的十八大以来的思政课教师队伍建设，汲取了中国传统教育思想中的许多智慧，习近平总书记提及的"经师易求，人师难得"[2]、"亲其师，才能信

---

❶ 习近平．思政课是落实立德树人根本任务的关键课程[J]．求是，2020(17)．

❷ 习近平．做党和人民满意的好老师——同北京师范大学师生代表座谈时的讲话[N]．人民日报，2014-09-10．

其道"[1]、"师者，人之模范也"[2]等富含中国传统教育思想的相关论述，便是对中国传统教育思想的精华汲取和创新运用。中华优秀传统文化是中华文明五千年传承的结晶，也是中华民族走向未来、走向世界的根基。作为思政课教师，既要积极学习和借鉴中国传统教育思想中好的教育理念和方式方法等，也要善于以中华优秀传统文化育人。有研究者认为，思政课教师应具备运用传统文化的能力，既能选择契合课程需求、符合学生期待的传统文化内容作为教学素材，也能明确传统文化的时代价值和育人功能，厘清传统文化与马克思主义理论、文化强国建设、思政教育之间的关系。[3]思政课教师要善于运用中华优秀传统文化的思想精华和道德精髓滋养学生，也要能够立足中华五千多年的文明史来讲清中国道路的历史必然，增进学生的文化自信，增强思政课堂的说服力和吸引力。

二、内在逻辑

思政课教师队伍建设离不开思政课教师自身的努力。思政课教师队伍建设必然要激发思政课教师的内在动力。要引导思政课教师充分认识到思政课教师自身是队伍建设的主体，而不是等待被改变的对象。因此，要唤起思政课教师的主体意识。主体意识是人对于自身的主体地位、主体能力和主体价值的一种自觉意识，是主体的自主性、能动性和创造性的观念表现。思政课教师对自身在思政课教师队伍建设中的主体意识越强烈，越能够认清自身在队伍建设中的主体地位、主体作用和主体能力，进而增强其自身素质提升和能力发展的自觉性，在各类培训、实践锻炼中自我的热情也会越高，从而能更好激发思政课教师自我提升和自我发展的积极性和主动性。思政课教师要从自身实际出发，在强化专业化素养、加快专业发展的同时，也要经常反思自我，查找自我存在的不足，加强有针对性的学习，不断完善和发展自己，弥补自身知识结构、能力素质等方面存在的不足。要自觉用最新理论体系武装自身头脑，并善于结合实际不断更新自身知识体系。要完善表彰机制，形成良好的舆论氛围，以提升思政课教师的职业荣

---

❶ 习近平. 思政课是落实立德树人根本任务的关键课程[J]. 求是，2020(17).

❷ 习近平. 做党和人民满意的好老师——同北京师范大学师生代表座谈时的讲话[N]. 人民日报，2014-09-10.

❸ 曹望华. "问题链"式教学视角下传统文化融入思政课的有效策略[N]. 中国文化报，2023-06-17.

誉感，激发他们的内在动力，使他们更为积极地在教书育人中实现自我价值。要激发思政课教师提升核心素养的自觉性和积极性。思政课教师的核心素养是思政课教师队伍建设的重要方面，思政课教师要将党和国家对他们的期盼、社会各界对他们的关心和支持，转化为自身发展的内在动力，自觉提升自身思想道德品质，不断更新教育理念，优化知识结构，提升自身教学能力和专业素养。要重视思政课教师主动性、积极性和创造性的发挥。“教师的主动性、积极性、创造性如何，决定了思政课有没有打动学生的魅力。”[1]因而，对于思政课教师来说，需要积极作为，要有高度的责任感和使命感，努力发挥自身在课堂中的主导作用，不断提升自身的马克思主义理论修养，开阔自身视野，提升自我的教学改革和创新能力，主动探索和创新课堂教学方式方法，这样才能更好地激发学生的学习兴趣，也能更好启迪学生，感染学生。

三、理论逻辑

马克思主义及其中国化创新理论为党的十八大以来思政课教师队伍建设提供了最为坚实的理论基石。要揭示和把握思政课教师队伍建设的规律及发展趋势，探求思政课教师队伍建设内部各要素间的内在联系等，这些都离不开马克思主义及其中国化创新理论的指导。首先，理论是实践的先导，新时代思政课教师队伍建设，必须以科学理论为引领，才能更好地回应思政课教师队伍建设的实践要求。在本书第二章中，我们已从马克思主义经典作家对人类历史发展规律、人的全面发展学说、人与环境关系的相关论述等方面出发，阐述了马克思主义相关理论在推进思政课教师队伍建设中的时代价值和指导意义。新时代的思政课教师队伍建设也离不开马克思主义中国化的理论成果，特别是作为马克思主义中国化最新理论成果的习近平新时代中国特色社会主义思想的指引。伟大的事业需要伟力的推动，而伟力的形成需要伟大思想的凝聚。习近平新时代中国特色社会主义思想是指引新时代中国特色社会主义伟大实践的最为鲜活的马克思主义。习近平总书记对新时代思政课教师队伍建设十分重视，发表了一系列重要讲话，提出了一系列极富创见的新理念、新观点和新要求，为新时代思政课教师

[1] 韩亚聪．丰富思政课“打开方式”教师创造性至关重要[N]．中国妇女报，2019-03-19.

队伍建设指明了方向,提供了遵循。其次,从思政课教师这一视角看,他们既是马克思主义的传播者,也是马克思主义的研究者,在实际教学过程之中,面对学生之问、实际之问,思政课教师在运用马克思主义的真理之伟力来引导和感召学生的同时,也推动了马克思主义的大众化。最后,党的十八大以来马克思主义理论学科的发展,为思政课教师队伍建设提供了强有力的支撑。思政课教师要注意树立马克思主义理论学科意识和学科归属感,积极参与马克思主义理论学科建设,把思政课的教学方法、教学重点、难点问题作为马克思主义学科研究的重点,让理论的创新服务于课堂教学理念、内容和方式方法等的创新,进而实现马克思主义理论学科建设与思政课堂教学的互相促进、协同发展。

四、实践逻辑

"马克思主义为什么'行',既是一个基本的理论问题,又是一个重要的实践问题。"[1]作为思政课教师,要传播好马克思主义理论和党的声音,不仅要有扎实的理论基础,还要善于将理论同实践相结合,积极回应学生关心的实践中的重大问题和热点话题,解答好学生的实际困惑。党的十八大以来,中国特色社会主义事业取得了许多重大的实践成果,这些成果的取得,既反映了中国经济社会发展的潜力和韧性,也更加彰显了我国道路选择上的正确性和制度上的优势,能极大增强思政课教师讲好思政课的自信和底气,有助于思政课教师更加理直气壮地上好思政课,引领学生坚定"四个自信"。"思政课教师要有家国情怀,心里装着国家和民族,在党和人民的伟大实践中关注时代、关注社会,汲取养分、丰富思想。"[2]中国特色社会主义伟大实践的不断推进,能为思政课教师提供大量生动而鲜活的教学素材与实践案例,这在丰富思政课教学内容的同时,也增强了课堂教学的时效性、感染力和吸引力。思政课教师队伍建设要立足中国特色社会主义伟大实践,从"两个大局"把握新机遇与新挑战,不断增强思政课教师铸魂育人工作的实效性。为此,一方面,思政课教师要通过调查研究、到基层挂职锻炼、社会实践等,大力提高自我理论联系实际的能力,善于运用马克思主义及其中国化创新理论分析和解决实际问题,促进理论知识向实践能力转化;另一方面,思政课

❶ 姜辉.解答历史之问　人民之问　实践之问　时代之问[N].光明日报,2019-08-19.

❷ 习近平.思政课是落实立德树人根本任务的关键课程[J].求是,2020(17).

教师要在掌握好学生思想实际的基础上，引导学生在中国特色社会主义伟大实践中去体悟真理，增强自信，并在积极投身中国特色社会主义伟大实践中实现自身价值。

第二节　新时代思政课教师队伍建设的机制建构

作为新时代的思政课教师，既要承担传道授业解惑的责任，也要发挥价值引领作用，提升学生对社会主义核心价值观的认知和认同，引导学生坚定“四个自信”，筑牢学生的信仰之基。强化新时代思政课教师队伍的机制建构，能使思政课教师队伍建设依据科学的流程和规章制度有序开展，可以有效推进思政课教师队伍建设工作的制度化和规范化，也是推进新时代思政课队伍高质量发展的必然要求，能使新时代思政课教师队伍建设工作更为高效，有助于思政课教师更好在新时代承担起铸魂育人、立德树人的历史重任。

党的十八大以来，党和国家高度重视思政课教师队伍建设，其间召开了全国高校思想政治工作会议、全国教育大会、学校思想政治理论课教师座谈会等重要会议，并相继出台了一系列相关文件，对新时代思政课教师队伍建设上的机制创新具有巨大指导意义。新时代，在我国思政课教师队伍建设中，顶层设计不断加强，在机制建构上，也进行了积极的、多维度的探索与创新，不断完善思政课教师的选配机制、培养培训机制、激励机制、考核评价机制和协同机制等，为思政课教师队伍的整体素质提升和结构优化等提供了强有力的机制保障，思政课教师的主动性、积极性和创造性得以更好激发，整体战斗力不断增强，这对打造一支适应新时代发展要求的、高素质的思政课教师队伍无疑起到了巨大推动作用。

一、新时代思政课教师队伍的选配机制建设

在新时代，需要通过强化选配机制建设，以确保思政课教师队伍的素质优良。思政课有其自身的特殊性，思政课教师选配上除了要符合教师的一般要求外，还需符合思政课教师的特定要求。

第一，从配备要求看，党的十八大以来，全国高校中马克思主义学院数量不断增加，同时，在思政课教师配备的“质”和“量”方面的要求都越来越高。党的十

八以来,思政课教师的配备制度越来越完善。对于中小学,在《关于加强新时代中小学思想政治理论课教师队伍建设的意见》等相关文件中,对思政课教师配备制度进行了规范。其中既对小学低年级、中年级和高年级应如何配备进行了规定,也对初中、高中提出了"应配齐专职思政课教师"[1]的要求。对高校来讲,从2008年《中宣部、教育部关于进一步加强高等学校思想政治理论课教师队伍建设的意见》中提到的"本专科思想政治理论课专任教师要总体上按不低于师生1∶350~400的比例配备"[2],到"高校要严格按照师生比不低于1∶350的比例核定专职思政课教师岗位"[3],再到《高等学校思想政治理论课建设标准(2021年本)》等文件中又对1∶350的师生比作出要求,使得高校配齐建强思政课教师有了严格、明确的制度依据,能为高校配足建强思政课教师提供有力的制度保障。

第二,从准入方面看,积极探索思政课教师的多元准入方式,鼓励和支持相关学科的优秀教师、具有任教能力的优秀党政干部与辅导员等加入思政课教师队伍,也积极鼓励社科理论专家、各行各业的先进模范等讲授思政课。

在思政课教师选聘工作中,则要求严把政治关、师德关和业务关,让讲政治、有情怀、高素质的人经过严格培训后方可加入思政课教师队伍。

首先,思政课教师必须政治过硬,有坚定的政治信仰。作为马克思主义及其中国化创新理论、党和国家大政方针等的宣传者,必须坚持正确的政治方向,在政治上同党中央保持高度一致。思政课教师必须是马克思主义的坚定信仰者、中国特色社会主义的忠实传播者、党和国家政策的坚定维护者。思政课教师必须具有坚定的政治立场,坚定地向党组织靠拢,在《高等学校思想政治理论课建设标准(2021年本)》中,在"教师选配"部分便提到"新任专职教师原则上应是中

[1]《中华人民共和国学校思想政治理论课重要文献选编》编写组.中华人民共和国学校思想政治理论课重要文献选编[M].北京:人民出版社,2022:1549.

[2]《中华人民共和国学校思想政治理论课重要文献选编》编写组.中华人民共和国学校思想政治理论课重要文献选编[M].北京:人民出版社,2022:1278.

[3]《中华人民共和国学校思想政治理论课重要文献选编》编写组.中华人民共和国学校思想政治理论课重要文献选编[M].北京:人民出版社,2022:1532.

共党员”[1]。要让有信仰的人讲信仰，思政课教师只有自己先做到明道、信道，坚定共产主义信仰，将自我发展与国家的前途命运紧密相连，才能够培养学生正确的政治信仰，明辨是非，引导学生扣好人生第一粒扣子，坚定“四个自信”。

其次，思政课教师要有高尚的思想品德和职业道德，爱岗敬业。“学高为师，身正为范。”特别是思政课教师，除了要具有良好的知识储备外，更要注重自身良好道德品质的养成。在打造高质量师资队伍时，高尚的道德品质尤为重要。思政课教师在立德树人过程中要做到知行合一，始终将马克思主义及其中国化创新理论和中华优秀传统文化内化于心、外化于行，严格要求自己，为学生树立好榜样。此外，思政课教师必须有责任意识，有家国情怀，要有对党、对人民高度负责的态度，更需要具备无私奉献的精神品质，这样才能在潜移默化中不断引领学生成长，达成育人目标。

最后，思政课教师必须本领过硬。一名合格的新时代思政课教师，要有深厚的理论素养和知识储备，同时要有终身学习的意识。对于高等学校的思政课教师，在《高等学校思想政治理论课建设标准（2021年本）》中，提到了要“具备马克思主义理论相关学科背景硕士以上学位”[2]的要求。思政课教师必须全面系统地学习马克思主义及其中国化创新理论、中华优秀传统文化，以及相关学科的知识，这样才能从根本上打牢思政课教师的理论根基。作为思政课专任教师，还要善于理论联系实际，真正学懂、学通、学透马克思主义理论，悟其原理，并能运用其分析和解决问题。思政课教师要通过丰富生动的教学内容，运用多种多样的形式，将思想政治理论课上得有温度、有深度、有高度和有态度，使马克思主义理论知识能真正融入学生的心，铸进学生的魂。

第三，要健全思政课教师的退出机制，对不合格的教师给予转岗、解聘。对政治立场、师德师风存在问题的思政课教师，在评价时实行“一票否决”，情况严重的追究其法律责任。对于理论功底弱、工作态度存在问题的思政课教师，要取消其思政课教师的身份，调离岗位，甚至清除出教师队伍，以充分保障大中小学

[1]《中华人民共和国学校思想政治理论课重要文献选编》编写组．中华人民共和国学校思想政治理论课重要文献选编[M]．北京：人民出版社，2022：1658.

[2]《中华人民共和国学校思想政治理论课重要文献选编》编写组．中华人民共和国学校思想政治理论课重要文献选编[M]．北京：人民出版社，2022：1658.

思政课教师队伍的总体素质和专业水平。

二、新时代思政课教师队伍的培养培训机制建设

新时代，对思政课教师的素质和能力要求越来越高。“大思政课”建设、大中小学思政课一体化建设，以及新时代信息技术的不断发展等，都对思政课教师队伍提出了新要求。社会主义现代化建设实践的不断发展与党的理论创新的与时俱进，思政课专任教师原有学科背景与马克思主义理论学科发展存在差距，教师知识储备的“单一性”与课程教学“综合性”等，都要求加强和完善思政课教师的培养培训。[1]因此，只有加大对思政课教师的培养培训力度，全面提升思政课教师的素质和能力，才能使他们更好适应新时代的发展要求。

党的十八大以来，出台了一系列涉及思政课教师培养培训方面的政策和文件，从《普通高等学校思想政治理论课教师队伍培养规划(2019—2023年)》《关于加强新时代中小学思想政治理论课教师队伍建设的意见》，到《新时代高等学校思想政治理论课教师队伍建设规定》，再到《高等学校思想政治理论课建设标准(2021年本)》等，都明确提及思政课教师的培养培训工作，这有力推进了思政课教师队伍培养培训工作的经常化、制度化和规范化发展。培养培训体系不断完善，思政课教师各种培训、研修机会大大增加，有助于思政课教师在更大、更多的平台接受深造，开拓视野，提升核心素养。

在新时代，十分重视跨学段、跨学科的一体化培训机制建设。通过创建各个层次的大中小学思政课教师一体化研修基地和思政课教学协同创新中心，大中小学互派教师相互挂职、任教、进修，成立跨学校、跨学段、跨学科的一体化教研共同体等，搭建“思政互动圈”，不断推进“纵向跨学段、横向跨学科的交流研修机制”[2]的建设，能更好满足大中小学思政课教师的跨学段、跨学科沟通交流需要，有力推进思政课教师的整体素质和能力提升。

在培养培训体系上，“逐步健全完善国家示范培训、省级分批轮训、学校全员

[1] 郭凤志. 高校思想政治理论课程建设研究[M]. 北京：北京师范大学出版社，2019：275-276.

[2]《中华人民共和国学校思想政治理论课重要文献选编》编写组. 中华人民共和国学校思想政治理论课重要文献选编[M]. 北京：人民出版社，2022：1534.

培训紧密衔接、相互补充的三级培训体系”❶。重视岗前培训，新教师要先培训才能上岗，以提升新思政课教师的胜任力。对于高校专职思政课教师，要求安排进行脱产或半脱产进修，并明确“每人每4年至少一次”❷。除了全员培训、专题研修、骨干研修等培养培训途径之外，还十分重视社会实践研修，鼓励和引导思政课教师放眼社会大课堂，在实践中感受和体悟真理的力量和实践的伟力，并善于将实践研修成果转化为课堂教学第一手资料，以此增强课堂教学的实效性。2020年，教育部增设了广西大学、延边大学、黑龙江大学、山西大学4个实践研修基地，承担高校思政课教师的实践研修培训工作。❸此外，要积极开展线上培训。早在2015年中共中央宣传部、教育部印发的《普通高校思想政治理论课建设体系创新计划》中便提出：“探索运用网络开展远程培训，运用微信公众账号开展微培训，增强培训灵活性、时效性，扩大培训覆盖面。”❹当前，随着网络信息技术的发展，线上培训也越来越受到重视。要精心组织、配强师资，积极开展线上培训，充分利用5G通信、VR等技术提高培训效果。在2023年，中宣部、教育部举办的高校思想政治理论课2023年版新教材使用培训，采取现场培训与视频同步直播相结合的方式，来帮助高校思政课教师把握2023年版新教材的基本精神和主要内容，有助于思政课教师更好掌握新教材，提升教学效果。

在培训内容上，要加强政治素养方面的培训。在进行思政课教师的培训时，要将思政课教师的政治素质培养放在首位。作为思政课教师，要坚定自己的政治信仰和政治立场，提高自己的政治觉悟，还要有政治担当。要将习近平新时代中国特色社会主义思想和党的二十大精神贯彻落实到思政课教师队伍建设中去。同时，也要加强思政课教师的理论知识培训。思政课教师要时刻更新自己

---

❶《中华人民共和国学校思想政治理论课重要文献选编》编写组．中华人民共和国学校思想政治理论课重要文献选编[M]．北京：人民出版社，2022：1388.

❷《中华人民共和国学校思想政治理论课重要文献选编》编写组．中华人民共和国学校思想政治理论课重要文献选编[M]．北京：人民出版社，2022：1658.

❸《中华人民共和国学校思想政治理论课重要文献选编》编写组．中华人民共和国学校思想政治理论课重要文献选编[M]．北京：人民出版社，2022：1608.

❹《中华人民共和国学校思想政治理论课重要文献选编》编写组．中华人民共和国学校思想政治理论课重要文献选编[M]．北京：人民出版社，2022：1389.

的理论知识，既要有丰富的马克思主义理论底蕴，也要拥有渊博的中华优秀传统文化知识，还要有广博的相关学科知识积累。思政课教师的理论功底越强，越能将思政课讲得通透，才能让学生发自内心地信服。

此外，还要加强思政课教师职业能力和道德素养等的培训，包括对创新思维能力、实践意识、职业道德、人格品质等的培训。要通过创新思维的培训，提升思政课教师课堂教学的创新性。通过实践意识培训，提升思政课教师的实践意识与实践意愿，提高理论知识运用于实践的技能。通过思政课教师的职业道德素养培训，引导他人树立正确的教育观、学生观和价值观，提升他们的职业道德水准，能以高尚的师德师风影响和感召学生。与理论知识传授相比，思政课教师的言行举止对学生人格的形成有着更为深远的影响。因而，在培训时，必然要注重思政课教师的道德品质提升，使他们能严于律己，无论在课堂上还是在日常生活中，都能做到知行合一。从人格品质上说，思政课教师要传递正能量，要有无私奉献的精神，能以身作则，为学生的成长树立榜样。

三、新时代思政课教师队伍的激励机制建设

思政课教师肩负着立德树人、培根铸魂的根本任务。不断完善新时代思政课教师队伍的激励机制，有利于调动思政课教师的工作热情，提高他们的职业认同感和荣誉感，同时，也有助于吸纳更多的优秀人才投身于思政课教学，从而为思政课教师队伍建设营造良好的氛围。在思政课教师队伍的激励机制建设上，需要将各类激励机制相协调，以全方位调动思政课教师的积极性。党的十八大以来，思政课教师的激励政策不断完善，相关文件中也明确提到“加大思政课教师激励力度”[1]。这为思政课教师激励机制建设提供了方向和指引，也要求学校将相关激励政策贯穿于学校的长期发展之中。

（一）思政课教师激励机制的含义把握

“激励”，即激发和鼓励之意。而“机制”一词，本义指机器运转过程中各零部件相互作用的运行方式。思政课教师的激励机制建设就是使多种激励方式相互

[1]《中华人民共和国学校思想政治理论课重要文献选编》编写组．中华人民共和国学校思想政治理论课重要文献选编[M]．北京：人民出版社，2022：1533.

配合、相互作用，形成激励合力，不断地调动思政课教师的工作积极性，激发思政课教师的工作热情，推动思政课教师队伍的高质量发展，使新时代思政课教师队伍建设朝着更加符合培养担当民族复兴重任的时代新人要求的方向发展。

（二）思政课教师激励的主要方式

思政课教师激励的主要方式包括物质激励与精神激励。物质激励要满足思政课教师物质层面上的需要，如奖酬激励、福利激励等；精神激励能为思政课教师提供价值引领，以更好满足他们的精神需求，鼓舞他们的斗志，如荣誉激励等。

1. *物质激励*

必要的物质条件是人得以生活的基础和前提，物质激励是最基础的激励手段。首先，物质激励是通过提高思政课教师的经济收入以及福利待遇，来激发和调动思政课教师的积极性。其次，学校还要向思政课教师提供良好的工作、休息环境，让思政课教师在舒适的条件下，进行教学与科研。党的十八大以来，采取了多种物质激励方式来推进思政课教师队伍建设，如设立岗位津贴等。思政课教师要对学生起到价值引领作用，肩负着培养能够担当民族伟大复兴大任的时代青年的历史重任。思政课教师责任重大，使命光荣，往往压力也大。通过物质激励，有助于提升他们对自己付出的自我认可和获得感，会大大激发他们的工作热情。思政课教师队伍建设任重而道远，需要因地制宜地设立思政课教师的岗位津贴。党的十八大以来，北京、天津、上海等地政府部门加大对高校思政课教师的扶持力度，设立了专门的高校思政课教师岗位津贴，并取得了良好的激励效果。在《关于加强新时代中小学思想政治理论课教师队伍建设的意见》《高等学校思想政治理论课建设标准（2021 年本）》等相关文件中也都明确提及了设立思政课教师岗位津贴的有关要求。同时，要完善思政课教师教学奖励专项制度，对课程教学效果优异的教师和团队，要给予一定教研资金上的支持和奖励。如思政课教师在竞赛中取得良好成绩，学校及时给予他们一定的物质激励，能激发思政课教师的参与热情，鼓励更多思政课教师发挥出创造潜能，积极参与思政课教学大赛中，从而达到以赛促练、以赛促训、相互切磋、共同提高的目的。“物质激励不是鼓励人才追求‘物欲’和‘金钱欲’，而是顺应人们的心理规律、激发人们的潜能。”[1]同理，对于思政课教师来说，物质激励不仅仅是物质上的支持，还是对他们工作成绩和付出的一种认可，能有效激起他们的职业认同感和荣誉感，使他们更能积极地投身教学和教研之中，从而有助于实现思政课教学质量的有效提升。

2. 精神激励

精神激励是非经济手段的激励。马斯洛将人的需要分为五个层级，其中生理需要、安全需要是可以通过物质激励来实现的，而尊重需要、社交需要和自我实现需要则更多是通过精神激励来实现。在进行思政课教师的精神激励时，要注重对思政课教师的情感关怀，并且要树立优秀典型，起到模范带头作用。在进行思政课教师队伍建设时要注重教师的参与性，鼓励思政课教师不同程度地参与学校的决策和管理工作中去，让思政课教师在学校管理决策中有存在感，受尊重，以增强思政课教师的主体性和责任心，使他们自觉将自己的工作与学校的未来发展相结合，从而激发内在动力。习近平总书记在全国教育大会上指出：“让广大教师享有应有的社会声望，在教书育人岗位上为党和人民事业作出新的更大的贡献。”[2]思政课教师激励机制建设中，要重视荣誉激励。“党和国家设立的荣誉称号要注重表彰优秀思政课教师，教育部门要大力推选思政课教师年度影响力人物等先进典型。”[3]可以通过“最美思政课教师”和“优秀思政课教师”等荣誉称号的评比，调动广大思政课教师的积极性和主动性。通过激励先进、典型引领、表彰评优等方式，对教学或教学研究作出突出贡献的思政课教师进行精神激励，加大培育、推荐、表彰先进思政课教师的力度，有助于更好发挥先进典型的示范引领作用。此外，高层次人才项目要偏重优秀的思政课教师，以此来体现对思政课教师工作的认可，提高他们的职业荣誉感和社会地位，进一步激发思政课教师的干劲，达到以榜样育人、以制度育人的目的。

---

[1] 郑其绪．微观人才学概论［M］．北京：党建读物出版社，2013：311.

[2] 张烁．坚持中国特色社会主义教育发展道路 培养德智体美劳全面发展的社会主义建设者和接班人［N］．人民日报，2018-09-11.

[3]《中华人民共和国学校思想政治理论课重要文献选编》编写组．中华人民共和国学校思想政治理论课重要文献选编［M］．北京：人民出版社，2022：1533.

(三)激励机制的原则

思政课教师既是学生思想的引路人,也是学生信仰的塑造者,是学校办好思政课的关键所在。通过明确思政课教师激励机制的基本原则,有利于更好推进激励机制建构,以提升思政课教师的思想素质和教学本领,使他们的作用得到更好地发挥,主动性和积极性得到更好调动。在构建思政课教师的激励机制时,要坚持公平公正、协调性和高效性等原则,从而更加有效地提升激励效果,提升思政课教师的幸福感,激发他们工作的热情。

一是要坚持公平公正。思政课教师的激励机制一定要公平、公正,要有相应的依据和标准,以此进行奖励与惩处,才能真正起到促优表先、树立典型和营造良好工作氛围的作用,才能有效激励和调动广大思政课教师的工作积极性和主动性。不然,不仅难以起到相应的激励作用,甚至会形成负面影响。要依据实际情况,在涉及思政课教师利益方面,如职称评定的设计标准、教学奖励及科研奖励的评价依据等,要实事求是,根据教师的付出情况、工作实绩和教学能力等进行真实评价,杜绝"人情化激励",以此来实现激励机制的公开透明。此外,激励要赏罚分明,对表现出色的老师给予奖励,对有违道德底线的教师要加大处罚力度。对违反师德的思政课教师要采取"一票否决制",以此实现新时代思政课教师队伍的高要求、高水平建设。

二是注重协调性。在激励方式上,要坚持物质激励与精神激励相协调,既要给予思政课教师适当的物质支持,也要予以精神上的激励,这样可以更好地激发思政课教师的干劲,保证教学质量和科研效率,提升思政课教师队伍的凝聚力。在激励的领域看,要注重内在与外在激励相协调。思政课教师的内在激励主要是指思政课教师直接从工作岗位本身带给他们的激励,包括对于思政课教学工作的兴趣和责任感,以及在思政课教学工作中获得的荣誉感和成就感等,主要可以通过思想上的引导、情感上的投入和心理上的体验、满足等来实现。对于思政课教师来说,内在激励是一种源自内心的激励力量,能激发思政课教师的内驱动力,有利于提升对自身价值和能力的自我认同感和自豪感,振奋精神,鼓舞斗志,充分调动主动性和积极性,从而为思政课教师自身发展提供强大动力。而外在激励则是从思政课教师工作外的其他因素中,实现对思政课教师的激励,既包括正向的薪酬增加、职级提升、荣誉获得等，也包括负向的批评、降职、降薪等。它是从外部获取的奖励或惩罚，通过外部驱动使教师努力工作的方式。内在激励和外在激励都是必要的，要将两者有机结合，以更好地促进思政课教师工作积极性与工作效率的提升。

三是要注重高效性。孙膑曾说："赏不逾时，欲民速得为善之利也。"[1]意思是奖赏给予得不要太迟，最好趁热打铁，发挥其最大的价值。思政课教师在取得教学成就、教研成果等成绩时，要及时在物质和精神层面予以相应的体现，注重激励机制的时效力和高效性。如将激励机制和思政课教师的工作实绩相挂钩，使取得优秀教研成果和岗位业绩的思政课教师能及时在物质和精神等方面得到奖励和支持，这样既能及时鼓励先进，对他们的付出及时给予肯定，有效增强思政课教师的积极性和创造性，也能通过对照反思，让思政课教师能及时相互学习和反思不足，提升责任感，从而实现思政课教师队伍整体素质与能力的不断提升。

四、新时代思政课教师队伍的考核评价机制建设

通过思政课教师队伍的考核评价机制建设，能使思政课教师针对考核评价的结果，进行自我诊断和反思，对自身一段时间内的教学、研究和师德作风等进行重新认识和自我改进，从而能有效提高思政课教师的思想道德素质与职业素养。在考核评价时既要体现激励和约束功能，也要注重评价的全面性和针对性。同时，在某些方面要保证私密性，要从思政课教师的"政治标准""师德师风""教研工作"等方面入手，对思政课教师进行全方位的考核评价，以实现思政课教师队伍的高质量建设。

思政课教师的考核评价，首先，要把政治标准放在首位。对思政课教师的政治性要严加把关。思政课教师应坚持正确的政治方向，要与党中央保持高度一致，要有深厚的马克思主义理论知识积累，还要有奉献精神，能自觉担负起立德树人的责任和使命。思政课教师政治方向方面的考核评价可以通过谈话调研、日常了解和听取汇报等多样形式进行。其次，师德师风是考核评价的第一标准。在党的二十大报告中提出："加强师德师风建设，培养高素质教师队伍，弘扬尊师

[1] 司马法·天子之仪。

重教社会风尚。”[1]对师风师德存在问题的思政课教师，在评聘时给予“一票否决”，并落实师德师风考核评价的长效机制。“学校德育特别强调教师在言行举止上起道德表率作用”。[2]作为思政课教师，不仅要具备扎实的马克思主义理论基础和相应的教学水平，以担当知识的传播者，而且还需要具备高尚的师德师风，能以自己高尚的人格品质影响学生，以自身的一言一行感化学生，为学生的成长做好示范和榜样。要坚持习近平总书记提出的“四个相统一”[3]“六个要”等要求和《关于加强新时代中小学思想政治理论课教师队伍建设的意见》《高等学校思想政治理论课建设标准（2021年本）》等文件中有关师德师风方面的要求，大力推进新时代思政课教师的师德师风常态化和长效化机制建构，以推进思政课教师不断优化自身形象，引导他们以德立身、以德立学、以德施教。最后，教学能力和教学研究能力是思政课教师的看家本领。“要改革思政课教师评价机制，提高评价中的教学和教学研究占比”[4]。在教学上，可以围绕教学效果、教学目标、教学方式等进行细分量化考核评价，引导思政课教师把主要精力放到教书育人上。对思政课教师教学研究的考核评价，要坚持以思政课教学为核心的科研导向，引导思政课教师围绕马克思主义理论学科、思政课教学的方法与重难点问题等进行研究，引导思政课教师运用教学研究成果提升教学效果。

要推进思政课教师考核评价主体的多元化，以更好实现对思政课教师的多方位评价。一是要重视思政课教师的自我评价，这要求思政课教师定时定期地进行自我反思与评价，分析自己存在的问题与不足，并及时纠正、整改。二是加强同事间的互评。思政课教师与同事之间经常交流，相对比较了解，对本单位思政课教学情况也相对熟悉，通过同事间互评，利于思政课教师了解自我，改进不足，提升自我。三是发挥同行专家的作用。对思政课教师进行考核评价时，让相

---

[1] 习近平．高举中国特色社会主义伟大旗帜 为全面建设社会主义现代化国家而团结奋斗——在中国共产党第二十次全国代表大会上的报告［N］．人民日报，2022-10-26.

[2] 黄向阳．德育原理［M］．上海：华东师范大学出版社，2000：126.

[3] 这里的“四个相统一”是指习近平总书记2016年12月在全国高校思想政治工作会议上讲到要加强师德师风建设时，提到的“坚持教书和育人相统一，坚持言传和身教相统一，坚持潜心问道和关注社会相统一，坚持学术自由和学术规范相统一”。

[4] 习近平．思政课是落实立德树人根本任务的关键课程［J］．求是，2020(17).

关教研部门负责人、思政课教学名师、马克思主义理论学科专家等充分发挥教学经验丰富、教学技艺精湛、专业知识深厚等优势，对思政课教师的教学和教学研究方面的能力进行科学把握，有利于深入把握思政课教师队伍的真实状况，并在此基础上提出建设性意见。四是关注学生在思政课教师考核评价中的重要地位。学生是思政课教师评价体系中重要的评价主体，思政课教师讲课质量的高低，作为受众的学生最有发言权。抓好学生这一思政课考核评价的关键主体，有利于思政课教师更好认识到自身教学工作中存在的不足，并加以改进，也有助于思政课教师不断明确今后的工作目标和改进方向，激发他们的自我发展动力。

思政课教师的考核评价机制建构要有创新思维。新时代对思政课教师队伍建设提出了新的更高要求，也要求建立健全思政课教师队伍的考核评价机制，以保障思政课教师队伍的高质量发展。要将创新理念贯彻于思政课教师的考核评价中，体现在考核评价内容、评价指标制定、考核评价方法等各个方面，在实践中不断加以探索和推进。

五、新时代思政课教师队伍的协同机制建设

“学校思想政治工作不是单纯一条线的工作，而应该是全方位的。”[1]新时代思政课教师队伍建设也要打好组合拳，除了党和政府的关心和重视，还要推动学校资源、社会资源、网络资源的优化整合，协力为思政课教师队伍发展创造良好条件。各方需要与思政课教师相互配合，结成育人共同体，形成育人合力，才能更好促进学生思想政治素养的提升和社会主义核心价值观的养成。其他课程教师也要与思政课教师通力协作。正如习近平总书记所强调的：“其他各门课都要守好一段渠、种好责任田，使各类课程与思想政治理论课同向同行，形成协同效应。”[2]

强化党的领导是我国思政课教师队伍建设一直坚持的宝贵经验，也是实现新时代思政课教师队伍高质量发展的坚强领导保障。党的十八大以来，全国高校思想政治工作会议、学校思想政治理论课教师座谈会等重要会议召开，习近平

---

[1] 习近平. 思政课是落实立德树人根本任务的关键课程[J]. 求是，2020(17).

[2]《中华人民共和国学校思想政治理论课重要文献选编》编写组. 中华人民共和国学校思想政治理论课重要文献选编[M]. 北京：人民出版社，2022：1444.

总书记在思政课教师队伍建设方面发表了一系列重要讲话，这些都体现了以习近平同志为核心的党中央对思政课教师队伍建设的高度重视。习近平总书记强调："办好中国的事情，关键在党。"[1]在思政课教师队伍建设方面，习近平总书记要求"学校党委要坚持把从严管理和科学治理结合起来""学校党委书记、校长要带头走进课堂，带头推动思政课建设，带头联系思政课教师"[2]。在《高等学校思想政治理论课建设标准(2021年本)》中，在"组织管理"方面，更是直接对学校党委的有关责任做了详细要求。[3]这些都为新时代思政课教师队伍建设，如何坚持党的领导和发挥党的领导作用等指明了方向。

地方政府和学校也要自觉承担起自身在思政课教师队伍建设中的职责。在教育部等五部门印发的《关于加强新时代中小学思想政治理论课教师队伍建设的意见》中，指出了中小学思政课教师队伍建设面临的一些问题与挑战，其中便提到"有的地方和学校对中小学思政课教师队伍建设重视不够""各方支持中小学思政课教师队伍建设的合力有待增强"等问题。[4]因此，地方政府和学校要充分认识到新时代思政课教师队伍建设的重要性与紧迫性，以及自身在其中的责任。地方政府要统筹和整合各部门、各领域资源力量，深入打好组合拳，协调各方合力推进思政课教师队伍建设。在《关于加强新时代中小学思想政治理论课教师队伍建设的意见》中便要求："各地组织、宣传、编制、财政、人力资源和社会保障、教育等部门要主动为中小学思政课教师队伍建设提供支持和保障。"[5]学校要关心思政课教师的思想状况和发展要求，切实解决思政课教师的现实困难。各地各校要为思政课教师创造更多挂职锻炼的机会。同时，也要努力为思政课

---

❶《中华人民共和国学校思想政治理论课重要文献选编》编写组．中华人民共和国学校思想政治理论课重要文献选编[M]．北京：人民出版社，2022：1505.

❷《中华人民共和国学校思想政治理论课重要文献选编》编写组．中华人民共和国学校思想政治理论课重要文献选编[M]．北京：人民出版社，2022：1506.

❸《中华人民共和国学校思想政治理论课重要文献选编》编写组．中华人民共和国学校思想政治理论课重要文献选编[M]．北京：人民出版社，2022：1655.

❹《中华人民共和国学校思想政治理论课重要文献选编》编写组．中华人民共和国学校思想政治理论课重要文献选编[M]．北京：人民出版社，2022：1547-1548.

❺《中华人民共和国学校思想政治理论课重要文献选编》编写组．中华人民共和国学校思想政治理论课重要文献选编[M]．北京：人民出版社，2022：1551.

教师在文件的阅读和报告的听传达方面创造更好条件，使他们能更好了解党的路线、方针、政策，以及党的重要会议精神与最新要求等。

社会、家庭要与思政课教师相互配合，形成合力，共同推进学生思想道德素养的提升。在这个过程中，各方都需明确自己的角色，充分利用各自的优势，自觉担负起自身的责任，推进家庭主动配合思政课教师、社会有效支持思政课教师的协同育人效应的形成，齐心协力为学生的发展创造有利条件。大众传媒要做好社会舆论引导，加大优秀思政课教师宣传力度，为思政课教师队伍建设创造良好社会氛围。思政课教师要与社科理论专家、各行各业的先进模范和社会团体等结成育人共同体，共同致力于时代新人的培育。家庭是孩子成长的第一环境，家长是孩子成长的第一任教师。孩子的思想道德素养深受家长的影响，家长如果能注重自身言行，有道德感和责任心，便能为孩子树立好榜样，有助于孩子长期在其潜移默化的影响下成为品德高尚的人。"思政课的学习效果和家长、家庭、家风的作用密切相关，要注重家校合作。"[1]因此，家长要关心和重视孩子良好思想道德品质的养成，不能只重视智育，而忽视了孩子正确价值观和良好道德情操的养成，要多与思政课教师沟通交流，了解孩子的思想状况，积极、主动配合思政课教师，共同致力于孩子思想道德品质的提升。

在思政课教师队伍协同机制建设过程中，思政课教师要高度重视自身作用的发挥和能力的提升。在思政课教师队伍建设中，思政课教师并非只是等待管理的对象，他们本身也是队伍建设的主体之一，要激发他们参与队伍建设的主动性、积极性和创造性，引导他们自我反思、自我激励和自我发展。在新时代，思政课教师必须树立协同育人意识，充分认识到提升思政课教学效果是一个系统工程。要善于统筹育人资源，汇聚育人合力，变单打独斗为"团体战"，这样才能在最大程度上实现思政课教学效果的提升。同时，思政课教师要努力提升自身的协同能力，尽力把各方的支持和努力切实转化为自身发展和课堂教学效果提升的最大推力。在新时代，思政课教师要重视与跨学段教师间的交流与沟通，善于在跨学段的教研共同体中提升素质，增长本领。也要提升统筹博物馆、科技场馆和地方红色教育基地等资源进行有效育人的能力，来更好实现立德树人、铸魂育

[1] 习近平. 思政课是落实立德树人根本任务的关键课程[J]. 求是，2020(17).

人的目标。此外,思政课教师还需要增强协同育人方面的教学改革与创新能力,积极探索和创新与各方开展协同育人的方式方法,不断总结协同育人经验,破解协同育人过程中的现实困难。

党的十八大以来,出台的很多有关思政课建设的重要文件都涉及思政课教师队伍的协同机制建设。从《关于深化新时代学校思想政治理论课改革创新的若干意见》中提出的"推动各类课程与思政课建设形成协同效应"[1]、"推动建立思政课教师与其他学科专业教师交流机制"[2],到《关于加强新时代中小学思想政治理论课教师队伍建设的意见》中提出的要"坚持统筹推进"[3],再到《新时代高等学校思想政治理论课教师队伍建设规定》中提到的"加强区域内高等学校思政课教师柔性流动和协同机制建设"[4]等,既体现了各方对统筹协调推进思政课教师队伍建设的高度重视,也为新时代思政课教师队伍的协同机制建设提供方向指引与政策制度上的保障,有力地推进了思政课教师队伍建设协同效应的形成。在本书导论部分的"思政课教师队伍建设理论研究成果的数据分析"中,我们可以看到,"协同育人"已成为当前理论研究的热点主题之一。从发展历程看,我国思政课教师队伍建设向来重视协同推进,这也是我国思政课教师队伍长期建设实践中形成的宝贵经验。从新时代的新要求看,大中小学思政课一体化建设、"大思政课"建设等都对协同机制建设提出了更高的要求。因而,在新时代,要以习近平总书记关于思政课教师队伍建设的相关重要论述为指导,按照相关政策文件的要求,统筹协调高效推进思政课教师队伍建设,要因地制宜,因校制宜,不断探索与创新思政课教师队伍建设的协同方式方法,为思政课教师队伍建设凝聚最大合力。

---

[1]《中华人民共和国学校思想政治理论课重要文献选编》编写组. 中华人民共和国学校思想政治理论课重要文献选编[M]. 北京:人民出版社,2022:1530.

[2]《中华人民共和国学校思想政治理论课重要文献选编》编写组. 中华人民共和国学校思想政治理论课重要文献选编[M]. 北京:人民出版社,2022:1534.

[3]《中华人民共和国学校思想政治理论课重要文献选编》编写组. 中华人民共和国学校思想政治理论课重要文献选编[M]. 北京:人民出版社,2022:1548.

[4]《中华人民共和国学校思想政治理论课重要文献选编》编写组. 中华人民共和国学校思想政治理论课重要文献选编[M]. 北京:人民出版社,2022:1574.

第七章　思政课教师队伍建设的实践策略

第一节　新时代思政课教师队伍建设的基本要求

一、建设理念上的要求：体现人文关怀

在思政课教师队伍建设中，要坚持以人为本，对于思政课教师来说，不仅要教育他们、提升他们、激励他们，还要做到尊重他们、理解他们、关心他们。要坚持以人为本，就是要重视人在各项事务中的参与，以及人的积极性的激发，就是要充分发挥人的主体作用，让人们在学习、工作和生活等各项事务中有更多、更为自觉地参与。对于思政课教师队伍建设来说，不能简单地把思政课教师视为建设的对象（只是需要培训和教育提升的对象），而是要将其视为自身发展的积极参与者和建设者，要激发他们在思政课教师队伍建设中的主体性和积极性，促进他们主动提升和发展自我。在思政课教师队伍建设中坚持以人为本，就是要把人作为发展的最高价值取向，要关心思政课教师的需求，促进他们的全面发展。在这里，不仅要关注思政课教师的理论知识、教学技能和水平的提升，还要关心他们的身心健康，促进他们的人格完善和全面发展，此外，也要加强人文关怀，帮助解决他们的实际困难。除了关注思政课教师物质层面的需要，还要关心他们对精神世界的追求。社会心理学家马斯洛将人的需要归纳为五大类，并将前三种需要（生理的需要、安全的需要和爱与归属的需要）归为因缺乏而产生的需要——基本需要，而将后两种需要（尊重的需要和自我实现的需要）归为存在的价值或后需要——发展需要。对思政课教师，在关心他们的基本需要的同时，也需要致力于提高他们的需求层次，使他们积极进行崇高的精神追求。在这里，特别是要重视思政课教师的后两种需要，即尊重需要和自我实现需要，在推进思政课教师队伍发展中的重要作用。要形成全社会关心和尊重思政课教师的良好氛围，当思政课教师感受到社会对于他们的这种尊重、信任和期望时，能增强他

们对于职业的认同感和使命感,也能让他们感受到社会的认可,从而增进他们对于自身职业价值的进一步确证,更进一步地激发他们的工作热情和育人动力。同时,让思政课教师感受到各方的人文关怀,也有助于他们将这种以人为本的理念、融入其教学之中,把这种人文关怀传递给学生,从而更有利于学生的全面发展。

二、建设主体上的要求:坚持协同一致

思政课教师队伍建设是个系统工程,需要各方共同努力,协同推进。这也是我国思政课教师队伍建设实践中总结出的宝贵经验。思政课教师队伍建设的主体既包括党和政府、学校、社会、大众传媒,也包括思政课教师自身,还包括各行各业涌现出的先进代表、道德模范等。也正是涉及主体众多,更是需要各方能高度重视,协同一致,积极参与,"打好组合拳",共同致力于思政课教师队伍的建设。在这一过程中,首先必须坚持党对思政课教师队伍的领导,这样,队伍的政治底色才能更为鲜亮,要确保将党的领导落实到队伍建设的各个方面、各个环节,真正培养出一支对党忠诚、勇担使命、本领高强、学生满意的思政课教师队伍。要严格落实地方党委思政课建设主体责任,地方党委要采取相应措施解决思政课教师队伍建设中的实际问题,整合地方资源,搭建校地协同育人平台,与思政课教师共同参与育人。从学校层面看,学校党委要将其纳入学校事业发展和人才队伍建设的总体规划中,在资金上优先保障,并要加强与一线思政课教师的联系,切实建强、带好思政课教师队伍。从社会层面看,要形成关心、尊重和支持思政课教师的良好氛围;也要净化社会空气,克服社会负面因素对于思政课教学正能量的抵消;还要创造条件,为思政课教师参加社会实践锻炼和了解社会实际提供更多平台和机会。大众传媒则需要加强思政课教师先进典型等的宣传。其他学科教师也要积极承担育人责任,与思政课教师同向同行。思政课教师要充分认识到自身在推进队伍建设中的作用和责任,积极参与队伍建设,除了提升和发展自我思想认识、理论素养和教学能力外,还要不断提升组织协调能力,善于运用校内外资源推进课堂教学,提升教学效果;也要进行课堂教学模式改革与创新,积极探索协调各方开展思政课教学的有效范式。只有各方都积极参与,自

觉承担其自身的育人责任,并努力探索和建构起与思政课教师协调育人的长效机制,并努力推进协同育人的制度化和常态化,以真正形成育人合力,从而有利于学生的思想政治素质提升和全面发展。

三、方法选择上的要求:坚持精准多样

采用分类建设法,提高思政课教师队伍建设的针对性与有效性。采用分类建设法,就是要针对队伍中的不同成员,进行分类培养,以更好做到有的放矢,取得建设实效。例如,35岁以下的“成长型”思政课教师,他们年轻且有活力,容易接受新的教学理念和教学方式方法,但往往相对缺乏教学经验,需要加强他们的培养和培训,鼓励他们广泛参与学习交流和研讨,促进他们更快地成长,早日成才。同时还要引导他们尽快认识自己,勇于改变自己,善于培育自身的教学风格和特色。作为年轻教师,需要虚心好学,主动求教,不断提升自身素养,促进自我全面发展,尽快在学习和实践锻炼中成长起来。而对于35~50岁的“成熟型”人员,则可以鼓励他们在原有积累的基础上,进行更具挑战性与开拓性的教学改革与探索,激励他们勇挑重担,充分释放内在潜能。对于队伍中50岁以上的“过渡型”人员,则要促使他们保持干劲,克服可以歇一歇的懈怠心理,使他们始终保持积极向上的心态。再如,有的思政课教师是从行政岗位,或者是从学生辅导员岗位等其他非专任教师岗位选调而来,其中必然会有部分教师出现缺乏专业知识、专业训练,以及学历水平不足等现象,基于这种情况,可以鼓励他们进修或继续攻读硕士、博士等,从而提升他们的专业素质和教学能力。如果新任教师是非马克思主义学科所属专业的,则需要积极融入团队,发挥自身学科优势,使自身能在团队中与其他成员实现优势互补,体现自身作用。此外,在思政课教师队伍建设过程中,尚有许多具体情况需加以考虑,如有的教师擅长课堂教学,有的教师在教学改革与创新研究方面表现优异,还有的教师在社会服务领域经验丰富。为充分发挥思政课教师的这些能力和优势,不仅要根据他们的个人特点进行精准培养,还必须改革考核评价体系,从而使每位教师都能找到最适合自己的位置,使他们能各尽其能、各展其才,发挥各自优势,作出各自贡献。

采用典型示范法,广泛开展最美思政课教师、年度影响力人物,以及思政课

优秀教师等各类思政课教师先进典型的评选活动,充分发挥他们在思政课教师队伍建设中的示范与引领作用。榜样的力量是无穷的,一个好的典型就是一面旗帜,可以激励和带动他们身边的人。“我们要以先进模范人物为榜样,把我们的工作推向前进。”[1]在我国思政课教师队伍建设历程中,一直十分重视对思政课教师先进典型的宣传,从1995年的《关于高校马克思主义理论课和思想品德课教学改革的若干意见》中提到的要“建立表彰奖励制度”[2],到1998年的《中小学德育工作规程》中提到的“对做出突出成绩的思想品德和思想政治课教师应当给予表扬”[3],再到2015年的《普通高校思想政治理论课建设体系创新计划》中要求的“完善先进典型宣传表彰机制”[4]等一系列文件要求,无不显示了我国对思政课教师队伍中先进典型作用的重视,并努力推进这种宣传的制度化建设。因此,在今后,需要积极汲取我国在这方面所积累的成果,继续大力宣传先进典型,发挥他们的示范和引领作用。思政课教师中的先进典型,他们的崇高师德、丰富的学识魅力、高尚的人格魅力,以及高超的教学本领等,会影响和感染周边的其他教师,激励他们学习、对照反思和积极仿效。名师的成长也具有引领作用,他们的成长经历和经验,能为其他教师的成长成才提供宝贵经验,能起到很好的示范与激励作用。

四、建设内容上的要求:坚持全面推进

思政课教师队伍建设涉及思想建设、政治建设、组织建设、制度建设、作风建设和能力建设等众多方面,需要全面推进。通过正态度、立信仰、建制度、转作风和提能力,建设一支德才兼备的高素质思政课教师队伍。思政课教师队伍的建设,必然要提升他们的能力,包括开展课程、教材方面的培训,理论知识的学习,

---

[1] 中共中央政策研究室.江泽民论社会主义精神文明建设[M].北京:中央文献出版社,1999:208.

[2]《中华人民共和国学校思想政治理论课重要文献选编》编写组.中华人民共和国学校思想政治理论课重要文献选编[M].北京:人民出版社,2022:859.

[3]《中华人民共和国学校思想政治理论课重要文献选编》编写组.中华人民共和国学校思想政治理论课重要文献选编[M].北京:人民出版社,2022:930-931.

[4]《中华人民共和国学校思想政治理论课重要文献选编》编写组.中华人民共和国学校思想政治理论课重要文献选编[M].北京:人民出版社,2022:1392.

理念、教法方面的研讨，以及语言表达、组织能力、沟通能力等这类教学技能的培养，从而提升他们的业务能力。但思政课教师队伍的建设不能只重视能力提升，而忽视了主观世界的改造。作为思政课教师，还必须强化党性的修养，加强品格的陶冶，不断提升他们的思想觉悟和道德水平。“以身教者从，以言教者讼。”[1]思政课教师要致力于提升学生的思想政治素养和道德境界，如果自身信仰缺失，就不能在错综复杂的社会环境下保持定力，就极易迷失前进的方向，又如何能做好学生的引路人。育人先育师，只有不断强化思政课教师的思想道德培养，提升他们的思想觉悟和道德修养，不断完善他们的人格，这样才能以身示范，让学生信服；自身端正，做出表率和示范，学生也会学习和仿效，积极行动起来，只有先端正思政课教师的“三观”，才能更好引导学生树立正确的世界观、人生观和价值观。同时，不能忽视组织建设，要做好队伍的选聘和配备，吸收更多优秀的人才充实到思政课教师队伍中，以确保队伍的数量充足；也要优化队伍结构，要统筹年龄、经历、学历等方面进行配备，从而促进结构的合理化。要建立健全思政课教师队伍建设的制度机制，既要有相应的选聘制度来选拔优秀人才，也要有相应的退出机制，使不能再胜任思政课教学的教师退出思政课教师队伍，还要有合理的考核评价制度，激发思政课教师的工作热情和创新活力，以及引导他们积极投身于教书育人和教学研究。另外，还要完善先进典型表彰机制、监督制约机制等，不断地推进队伍建设的规范化和制度化。只有坚持全面推进，查短板，补弱项，使思政课教师政治强、业务精、自律严、情怀深、作风好、数量足，才能使思政课教师更好履行岗位职责，担负起时代重任。

五、建设过程上的要求：遵循成长规律

“如果我们能深刻地认识和掌握人才队伍建设的规律性，就能减少工作中的盲目性，有利于把工作做得更好。”[2]在我国思政课教师队伍长期建设历程中形成了许多弥足珍贵的成功经验和规律性认识，马克思主义基本理论以及其他相关学科的研究成果，也能为探索和认识思政课教师队伍建设规律提供智慧。新时代思政课教师队伍建设要汲取历史建设经验、展现时代特点，要善于总结和探索

[1]《列传·第五钟离宋寒列传》。

[2] 张骏生．人才学[M]．北京：中国劳动社会保障出版社，2016：95.

新规律和新趋势，从而更好打开队伍建设的新局面。越是在当前复杂的形势下，越要在实践中总结经验、深化认识，坚持按规律办事。可以对近年来受到学生普遍欢迎的教学名师进行个案分析，总结名师们的成长成才规律，为其他思政课教师的成长提供参考与借鉴。可以基于时势造就人才这一人才总体运动发展规律，全面剖析思政课教师队伍建设和发展面临的“时”与“势”，并在分析新时代思政课教师队伍建设内外形势的基础上，进一步探讨对思政课教师队伍建设有利因素的发挥和消极因素的控制策略，等等。

遵循实践成才规律是在我国思政课教师队伍建设的探索与实践中，反复强调和提及的宝贵经验和规律性认识。在很多涉及思政课教师队伍建设的相关文献中都提到了加强思政课教师队伍实践锻炼的要求，包括“组织教师开展社会实践、学习考察和学术交流活动”❶、“创造条件支持思政课教师到地方党政机关、企事业单位、基层等开展实践锻炼”❷等内容。在实践中接受锻炼，不断成长，这对思政课教师队伍建设来说，是最根本，也是最有效的。在积极参与改造客观世界的同时也要改造主观世界，不断淬炼自己的思想、提升自我认识、发展能力、磨炼意志，这对思政课教师队伍建设来说意义重大。

在思政课教师队伍建设过程中，要发挥内因与外因对思政课教师发展的共同推动作用。思政课教师队伍的发展，会受到外在环境的影响，包括社会环境、政策环境、制度环境、文化环境、物质环境以及待遇情况和工作条件等因素，都会对思政课教师队伍的成长产生影响。思政课教师队伍的发展离不开良好的外部条件，同时也必须激发他们的内在发展动力。虽然外部条件是思政课教师发展不可缺少的必要条件，有时甚至对他们的成长起非常重大的作用，但外因通过内因起作用，对思政课教师来说，要充分认识到，随着我国伟大实践的不断向前推进，党、政府和社会各界对思政课教师的重视，使思政课教师发展的外在条件不断被改善，广大思政课教师正处于需要经过努力奋斗，方能实现自身价值的新时代，要充分发挥自身主观能动性，善于抓住时代和实践提供的发展机会，不断提

❶《中华人民共和国学校思想政治理论课重要文献选编》编写组．中华人民共和国学校思想政治理论课重要文献选编［M］．北京：人民出版社，2022：1279.

❷《中华人民共和国学校思想政治理论课重要文献选编》编写组．中华人民共和国学校思想政治理论课重要文献选编［M］．北京：人民出版社，2022：1575.

升自我思想素质、道德修养,以及心理和身体素质,培养自己对职业的荣誉感和使命感,同时还需要确立志向,以及在自我提升、自我发展的过程中有矢志不渝的精神等。

除此之外,还有其他很多需要遵循的规律。如尊重思政课教师素质全面发展的规律,要关注他们的思想政治素养、业务素养的提升,要注重意志、情感、个性等非智力素养的培育;要关注他们的身心健康,促进他们素质的全面发展。再如要重视思政课教师的个体差异性规律,能根据他们的各自特点,因人施策,进行精准培养,不搞"一刀切",增强针对性和有效性。思政课教师队伍建设在长期的探索与实践中,形成了不少规律性认识,为科学地组织开展思政课教师队伍建设工作提供了重要依据。在新时代,思政课教师队伍建设要继续探索和总结新规律和新趋势,以更好推进思政课教师队伍的科学、健康发展。

第二节　新时代思政课教师队伍建设的具体路径

机遇千载难逢,稍纵即逝。在新时代,思政课教师队伍建设要有紧紧抓住机遇、乘"势"而进的紧迫感和责任感,在深入把握党的十八大以来思政课教师队伍建设"机"与"势"的基础上,积极探索新时代思政课教师队伍建设的未来进路。

一、强化制度落实,发挥思政课教师相关制度的最大优势

党的十八大以来出台的一系列相关制度是党和政府对思政课教师队伍建设规律性认识的成果,更是宝贵经验的凝聚,对思政课教师队伍建设具有重要意义。但这些好的制度,如果不狠抓落实,便难以起到应有的效果。要把党的十八大以来出台的一系列有关思政课教师队伍建设的好制度真正宣传到位、贯彻落实到底,才能发挥这些好制度在思政课教师队伍建设中管根本、管全局和管长远的作用,在最大程度上推进思政课教师队伍建设的规范化发展。这一系列好制度还体现了党和政府对思政课教师队伍建设的关心和重视,相关执行人员要深刻理解制度深意,要充分发挥制度的力量,在全社会形成尊重思政课教师,重视思政课教师队伍建设的良好氛围。同时,这一系列制度的出台,也对思政课教师

提出了许多新的要求，思政课教师要强化制度意识，自觉学习与遵守相关的规定与要求，并将其贯穿于教书育人全过程。

二、突出系统思维，保障思政课教师队伍建设的协同推进

思政课教师队伍建设不仅仅是学校的事，更是事关全局，并涉及方方面面的系统工程，需要立足整体，全面考量，以系统思维统筹协调校内外力量，有序推进。建好思政课教师队伍关键在党，要实现校地紧密合作，地方党委要为本地区思政课教学及其队伍建设谋篇布局、全面规划，在工作格局、交流共享机制、支持保障等方面系统谋划，穿针引线，奠定基础。而作为思政课教师，也需要关注地方的发展与需要，既要善于从中国特色社会主义在当地实践所取得的成果以及优质地方文化资源中汲取鲜活课堂教学素材，使课堂教学更为鲜活和“接地气”；也要通过积极参与地方党政机关的相关理论宣讲和研讨活动，以及充分发挥自身才能为地方发展建言献策等来服务地方。思政课教师要实现立德树人的目标，离不开社会各方面的参与，思政课教师队伍建设需要与社会力量加强联动，在挂职锻炼、名师宣传、教师培训等方面给予思政课教师以全方位支持。同时，思政课教师队伍建设还需校际联动，强校要帮扶弱校，中小学要与高校加强交流和合作，通过加强大中小学思政课的教学资源共享、教育思路相承、育人思想碰撞等各方面一体化建设，实现全领域的思政课教师队伍建设上的深度融合、协同发展，打破各层级教师的壁垒，凝聚专业力量，实现取长补短，共同致力于思政课名优课堂的打造和名优教师的培育。此外，还需建构起思政课教师与其他课程教师的协同机制，互补互助。

三、发挥名师效应，引领思政课教师发展共同体建设

时代呼唤人才，时势造就人才。中国特色社会主义进入新时代，在党中央的重视以及各方的关怀下，各地持续推进思政课名师优课的培育，这些都为新时代思政课教师队伍建设提供了难得的条件和机遇，也涌现出了很多受学生欢迎的思政课名师，他们在引领教学改革、提升教学质量，以及培育青年教师等方面起

到了巨大的示范效应。通过打造以名师为引领的思政课教师发展共同体,有助于进一步放大名师的辐射与带动效应,扩大受益面。在队伍建设中,思政课名师往往拥有丰富的教学经验、深厚的教学功底和精湛的教学技艺,共同体中其他成员的专业素质和创新能力等方面在名师的带动和指导下,能够得到显著提升,会起到事半功倍的效果。不仅如此,思政课名师往往对教学与研究的热点领域、前沿主题都具有敏锐的洞察力和卓越的分析判断力,因而能够引导共同体中其他成员进行科学的发展定向。在名师的示范引领下,在集体智慧的作用下,共同体各成员相互学习,相互帮助,组团发展,能够更快成长为骨干型、名师型教师,从而有助于思政课教师队伍的有序发展,形成良好梯队。同时,要善于整合各行业中素质过硬的名家、中国特色社会主义伟大实践中涌现的模范人物,以及党政领导干部等精英力量,与思政课教师一起组成育人共同体,通过社会各领域人才资源的有效聚合,为思政课教师队伍建设造就内外人才联动的优质综合环境。通过创新课堂教学模式,探索这些优秀人员进课堂的多样路径,不仅能充分发挥好这个育人共同体的作用,还能使思政课教师在经验互鉴、加强交流和共同育人中,提升自身的教研水平。

四、提升责任意识和情感力量,激发思政课教师自主提升动力

思政课教师自主提升的行为,充分体现了他们勇于承担育人重任,以积极的态度服务于党和国家事业全局,展现了他们的主动作为精神。在不断强化自身建设的过程中,他们展现了坚定的责任意识和担当精神,这是他们持续进步的强大驱动力。时代赋予的重任,党的嘱托,社会的关切,以及讲好思政课和推进思政课改革创新对思政课教师提出的高素质要求,都会有效激发教师内在的自主提升动力,使其转换成鞭策和鼓励他们不断自我提升的现实力量。要激发思政课教师的自主发展动力,需要思政课教师努力把这些外在的素质要求和责任使命,积极、主动地转化为自我发展的自觉意识和担当精神。同时,思政课教师的这种自主提升,需要情感力量的推动,没有对思政课和思政课教师职业的深厚情感,就不会有这种自我主动提升的执着和激情。思政课教师有情怀,"才会觉得

'政治要强''人格要正''自律要严'的要求不是外界强加的,而是自身的内在要求"[1],才会更加自觉发挥自身的积极性、主动性和创造性,担负起自身的责任和使命。也只有对思政课怀有深厚感情,才能激发出不辞辛劳进行课程教学改革与探索的热情。因而,思政课教师要遵循习近平总书记提出的"情怀要深"这一要求,努力培育自我的家国情怀、传道情怀和仁爱情怀,为自我提升提供强大动力。

五、筑牢师德师风的岗位底色,掌握意识形态主导权

(一)夯实教师理想信念,做到"政治要强、情怀要深"

首先,树立教师正确的理想信念,让有信仰的人讲信仰,提升价值引领能力。加强对教师的马克思主义科学信仰教育,要善于从政治上看问题,在大是大非面前保持政治清醒,在事关政治立场、政治方向问题上同党中央保持高度一致,真正做到学高为师、身正为范。增强思想定力,平衡好"经师"与"人师"的角色关系,在教学活动中以高尚的人格魅力感染学生,扮演好学生"领航员"的角色。只有教师立场坚定,坚定中国特色社会主义信念,教出来的学生才能爱党、爱国、爱人民。其次,厚植教师浓厚家国情怀,明确自身担负的育人使命。学生具有强烈的"向师性",教师的言行举止会对学生产生潜移默化的影响。教师只有心系国家和民族,关注时代、关注社会,才能使爱国情、强国志、报国行的思想如"润物细无声"般地让学生接受。此外,在课堂教学过程中,教师可以采取情理交融、知行并重、古今相通的教学策略,以帮助学生理解爱国主义的深刻内涵,并引导学生将爱国热情转化为具体行动,实现爱国情、强国志和报国行的统一。最后,做到"真学、真懂、真信、真用"马克思主义。"真学"就是要将马克思主义作为思政课教师的事业和使命,全面深入了解马克思主义理论的科学性,进而把握马克思主义思想的精髓;"真懂"就是要求思政课教师立志成为马克思主义理论方面的专家;"真信"就是要对中国特色社会主义道路、事业、文化等方面有坚定的信仰;"真用"就是要求教师要以马克思主义的视角反思老问题、关注新问题、聚焦热问题,寻求真答案。

---

[1] 徐传红.高校思政课教师情怀论[M].北京:社会科学文献出版社,2020:85.

(二)延展教师教学视野,做到“思维要新、视野要广”

思政课教师要具备首创精神,从学生的视角看中国、看世界,将国际比较与中国特色有机结合起来,教师只有开眼看世界,才能使学生“着眼全局、胸怀祖国”。一是“思维要新”,牢固树立改革创新意识,增强教学延伸拓展能力。打破第一课堂的“条框”束缚,坚持“因事而化、因时而进、因势而新”,教学方式要与时俱进、推陈出新,在了解学生所思所想的基础上,教给学生正确的思维方法,引导学生深度思考,搭建师生沟通平台,把“最难讲、最晦涩”变成“最精彩、最生动”,让中国故事历久弥新,努力将“点名课”变成“明星课”“网红课”。二是“视野要广”,把道理讲清楚要“着眼于世界、扎根于中国”。通过生动具体的纵横比较,把道理讲明白、讲透彻。在世界和中国的比较中强化民族自信,进而增强情感认同,坚持马克思主义的指导地位,运用辩证唯物主义的观点看待问题,牢牢掌握意识形态的领导权。此外,思政课教师要走出校门,接触社会、了解社会,努力拓展自己的国际视野。三是思政课教师要对教学方法进行深度探索,运用灵活的教学形式达到教学目的。需总体把握教学节奏,鼓励学生在课堂中分享自己的观点,以学生的观点作为课程教学的切入点,进而引申到课堂内容上,增强学生学习的积极性,凸显教师的引导示范作用。

(三)增强教师责任意识,做到“自律要严、人格要正”

“学为人师,行为世范”这八个字是思政课教师人格修养的标准与追求。首先,牢固树立“四个意识”“四个自信”,提升肩负神圣使命的职责自觉,做到“自律要严”。思政课教师要严于律己,坚持“以德立身、以德立学、以德施教”,做到“课上课下一致、网上网下一致”[1]。不能把现实存在的个别现象说成是体制问题,不能把非实质性的问题夸大成严重问题,要以高尚的道德情操自觉弘扬主旋律,积极传递正能量,做师德建设的排头兵和骨干力量。其次,履行岗位责任担当,明确肩负的国家使命和社会责任,做到“人格要正”。身教胜于言教是教学的基本经验。思政课教师要有堂堂正正的人格,做好学生锤炼品格的引路人、做好学生奉献祖国的引路人。通过言传身教、寓教于行,将马克思主义宏大抽象的理

---

[1] 田丽,赵婀娜,黄超,等.大思政课,总书记心中的一件大事[N].人民日报,2022-05-22.

论具体化、生动化，让学生自觉接受，进而认同主流意识形态。再次，以教学科研和项目为载体，树立团队协作意识。课题和项目是需要多人参与、合作完成的任务，要激发教师团队的责任意识、参与意识、竞争意识，组建思政课教师育人共同体，教师充分发挥所长，协作攻关。最后，强化师德师风教育监督。将师德考评贯穿教师职业生涯的全过程，坚持“自律”与“他律”相结合，制定教师行为准则，体现正向激励与“失范”惩治，建立教师个人师德档案，构建政府、高校、学生、媒体、家长五位一体的师德师风监督体系。

六、构建基于学生的话语体系，掌握课堂教学主动权

（一）增强话语阐释力，力求“有虚有实”

思政课的话语内容来源于我国社会主义探索过程中的伟大实践，但又高于实践，并随着时代发展而不断完善，思政课教师就是要在“虚实结合”的教学话语上下功夫，将抽象的理论与具体的描绘相结合、将语言的宏大叙事与时代生活相结合，依托话语自身优势，借助内容的丰富性增强其阐释力，达到理论深度说服人、生活热度感染人。一方面，善于用知识传授承载起价值引领的目标，保证科学性，实现“理论彻底化”。思政课教师要注重教学语言的科学性，通过各种学术视角切入到课程内容当中，从学理性的层面解读党的路线、方针、政策。依据教育对象的思想行为特点和内在需要，不断完善自我知识结构，进行话语内容阐释的“重塑”与“再造”，以虚领实，引导学生自觉关注时代问题。另一方面，善于运用具有亲和力的通俗语言，打造完整的逻辑体系。所谓通俗语言就是建立在对课程体系的透彻理解上，对精深的理论内容做出生活化、简明化的表述。科学设置与学生相关的热点问题、敏感问题进行理性回应，筛选与学生耳熟能详的关键词汇，从而传递教材中的理论观点，实现对教学话语从“独白”到“沟通”的有效转变，增强话语阐释力，进而提升课堂教学的驾驭力。

（二）增强话语供给力，力求“有棱有角”

针对新媒体时代网络的复杂性和多变性等特点，思政课教师要突出教学话语的原则性与政治性，兼顾网络空间与实践教学两大场域，做到“两手都要抓、两

手都要硬”,主动占领多方空间增强话语供给力。首先,准确传达和解释中央精神,用学术话语讲好政治内容,保证政治性。在重大原则问题上,教师教学话语绝不能模棱两可、含糊其辞,应把讲政治、重原则放在首位,努力实现课程意识形态目标与育人目标的有机统一,突出话语表述的政治导向,警惕资本主义意识形态的渗透,自觉培养学生明辨是非的能力。其次,加强“网上网下”话语联动,营造清朗网络话语空间。“大国网络安全博弈,不单是技术博弈,还是理念博弈、话语权博弈”[1]。西方错误思潮的加速入侵对学生正确价值观的塑造造成极大的影响,对此,思政课教师必须旗帜鲜明地对错误思潮进行辨析,有理有据地正本清源,重视线上线下的话语联动。最后,增强话语正向牵引,强化话语创新的有效供给。坚持课堂语言的正面性与正能量,做到课堂讲授有纪律,公开话语守规矩。依托多元载体实现对话语讲授的创新供给,同时,思政课教师需增强教学话语的历史文化底蕴,做到引经据典、妙语连珠,从而提升学生的课堂获得感。

(三)加强话语共情力,力求“有情有义”

只有通过改变思想政治理论课的话语硬度,建构通俗易懂的、情理交融的语言形态和言语形式,才能创设学生所乐于理解和接受的话语环境,进而增进他们对思想政治理论课的亲近感和熟悉感。思政课教学语言需与时俱进、以情化人,形成特有的语言魅力。首先,讲求教学话语的艺术性,加强人文关怀。思政课教师要充满信心、充满激情,精心设计教学的每一个环节,使教学过程充满“情、意”的人文表达,注重选择教学素材的典型性、综合性、时效性,尽力做到三个“贴近”:一是贴近新时代学生的实际生活,站在学生的立场和观点上看问题,让自己的教学用语接学生的现实“地气”。二是贴近中国社会现实,教师要关注实践、关乎现实、关怀时代、关心学生,不能远离生活,脱离实际。三是贴近当代网络文化发展,接网络生活地气,将马克思主义与学生虚拟生活相联系。其次,讲求教学话语的幽默性,活跃课堂气氛。这里的话语幽默性需符合思政课教师的职业特点,必须是一种“马克思主义幽默”。富有幽默感的语言容易实现教师对课堂的有效控制,营造良好的教学氛围,真正达到严肃认真、生动活泼的教学效果。最后,讲求教学话语的简约性、准确性,增强教学话语共情力。“准确是教学语言的

[1] 习近平.在网络安全和信息化工作座谈会上的讲话[N].人民日报,2016-04-26.

灵魂，没有'灵魂'教学语言就没有生命。简约是指能够用简单明了的语言表达使理论深入浅出，通俗易懂。"[1]

（四）强化话语转换力，力求"有滋有味"

思想政治理论课要准确把握学生的个体发展需求和期待，为学生精心烹饪美味的精神佳肴，打造既"有意义"又"有意思"的思政课，既要追求"神"，又要注重"形"，切实发挥思政育人的功能。具体到教学话语上就是要解决教学模式的多样性和教学语言的单调性之间的矛盾，增强教学话语的转换力。第一，大班授课中教师需要运用充满激情、慷慨激昂的学术话语，用理论的魅力征服学生，以真理的力量感化学生，点燃学生的学习热情，把控课堂的节奏和教学进度，既要深入透彻地讲解马克思主义理论，又要对中国实际问题具有阐释力。第二，小班教学时需要教师讲求话语的亲和力，多用生活语言，少一些抽象性术语，以生动形象的鲜活案例提升学生的兴趣，同时需要思政课教师具备临场应变能力和创新意识。在讨论中，思政课教师先进的思想、渊博的知识、亲切的态度、幽默的话语有利于学生的心理处于主动接受的状态。不同的教学模式运用话语表达的侧重点各有不同，或侧重于学术用语、讲求逻辑层次性；或侧重于生活用语，讲求情感共鸣，需要教师不断总结经验，调整授课方案，更新菜肴的"配方"、调整"工艺"、改良"包装"，为学生烹饪一顿有滋有味的"精神大餐"。

七、优化师资队伍的整体形态，推动学科建设科学化

（一）树立问题导向意识，筑牢队伍学科使命

学科建设为思政课教师掌握好看家本领提供服务、为课堂教学提供了强有力的学理支撑。以马克思主义理论学科建设为抓手，以学科滋养课程，能够有效提高教师队伍的整体素质和能力，是师资队伍建设的关键环节。首先，树立问题导向意识，以学科思维进行教学和研究。针对当前出现的不平衡问题，需以问题为导向解决好学科与教学的关系，引导教师承担好"教书匠"与"研究者"的双重身份，积极探寻解决问题的方法，使学科思维内化为教师素养，让思政课教师找

[1] 李景山，梁亚萌．思想政治理论课教师胜任素质的五个维度[J]．思想政治教育研究，2018(5)．

到学科归属感。其次,加强专业建设,遵循学科发展内在规律进行教学与研究。马克思主义理论是科学的世界观、方法论,需要思政课教师加强专业建设,在日常教学中把马克思主义理论作为思政课教学的专业基础,以较高的学科素养直面时代发展与社会现实中的热点、重点问题。最后,明确研究定位,凸显马克思主义理论学科的核心优势。“马克思主义理论学科增设以来,经过多年的建设,学科方向逐渐趋于稳定,为思想政治理论课教师在研究方向上明确定位起到了引领和推动作用。”[1]思政课教师需明确自身学术特长,找准研究定位,在教学与科研的实践中成长为思政课的带头人,筑牢队伍学科使命,为建设优势明显且影响力突出的马克思主义理论学科提供原动力。

(二)完善教师培训体系,加强教学梯队建设

思政课教师队伍建设是一项长期的、系统的工程,依托规范化的教师培训是提升队伍专业素质的关键举措。首先,完善相关培训制度,盘活教师资源。统一规划思政课教师社会实践研修等示范培训,支持教学骨干、青年教师挂职锻炼,通过企业锻炼,国情调研,提升教师综合素质和实践经验,增强教师的社会责任感、文化归属感;根据学科建设和学院未来发展需要,有计划、有目的地组织骨干教师开展多种多样地考察、讲学。其次,大力培养青年教师,注重教学梯队的形成与壮大。加强老、中、青教师的联系与交流,发挥老教师的引领作用,中年教师的承接作用,构建良好的互动交流机制;对青年教师提出教学与学科建设的规范性要求,通过教学相长、教研相长等形式搭建教师培养平台,切实提高教学、科研能力,筑牢立身、立业的基础。同时,完善教师成长引导与内在激励机制,以营造良好氛围和思政课明星团队为抓手,增强思政课教师的职业认同感与使命感。最后,创新思政课教师的在职培训模式。一方面,年龄偏大的教师对新媒体技术的应用能力不足,影响课堂教学的实效性;另一方面,新入职教师的课堂驾驭能力与教学经验不够,制约了课程的获得感,亟待创新思政课教师的培训模式进行有计划、有针对地“补齐短板式”培训。此外,采取以评促改的形式,开展各种类型的教学技能大赛,激发思政课教师的教学热情,提升自身的人格魅力。

[1] 张雷声.改革开放以来思想政治理论课教师队伍建设论析[J].思想理论教育,2018(10).

（三）推进职称制度改革，优化管理体制机制

当前，我国思政课职称制度改革议题逐渐由浅层次向深层次发展，要以管理体制改革为切入点，破解发展瓶颈。其一，完善领导管理机制。高校必须坚持党对思政课改革的绝对领导地位，坚持"从严管理"与"科学治理"相结合，建立起党委统一领导、党政部门齐抓共管，有关部门履行职责、全社会协同配合的工作机制，为思政课教师队伍的创新发展和管理机制改革提供强大的组织保障。其二，推进职称制度改革，畅通教师职业发展通道。对专业技术高级岗位取消比例限制，按照理论课程教学、学术科研成果、实践育人效果、学生主体评价、教师互评、社会评价等方面进行公平、公正、公开的职称评定，打破"重资历"和"近亲繁殖"等现象，给教师职业发展与职业上升充足的空间。同时，从规则和操作两个层面加强监督管理，构建可诉性的职称监管制度，以标准的科学化促进高校职称评审的机会公平。其三，深化人事制度改革。建立思政课教师准入与退出制度，对素质能力、师德修养进行严标准、高要求的重点考察，严格把控选聘的第一关；建立健全思政课教师总量管理、动态调整机制，坚持管理与放权相结合，探索"学校监督、学院自主"的工作方式，促进人事制度改革的科学化、规范化。

八、建构长效机制，促进思政课教师队伍有序、长远发展

要创新习近平总书记关于思政课教师队伍建设重要论述的学习和宣传机制，使习近平总书记关于思政课教师队伍建设的重要论述和指示精神得到更好传播和落实，并探究习近平总书记关于思政课教师队伍建设重要论述的实践转化机制，把习近平总书记关于思政课教师队伍建设重要论述强调的目标要求和经验方法等生动体现在课堂教学的实践中。要努力建构思政课教师队伍建设的主体责任机制，明确党和政府、学校、社会、传媒，以及思政课教师各自的职责所在，促进各方形成合力。其中，学校党委要充分发挥"责任主体""领导主体""实施主体"的"三主体"作用[1]，来为思政课教师营造更好的发展环境。要创新思政课教师队伍建设的社会支持机制，进一步优化外部环境，形成尊师重教，全社会关注、支持思政课教师的良好氛围。人是社会关系中的人，思政课教师的发展不

[1] 张兴海，王娜．学校党委要担负起上好思想政治理论课的主体责任[J]．中国高等教育，2018(18)．

能脱离他人和社会而实现,良好的社会环境和氛围能更好地激发思政课教师的育人热情,改革创新的能力就能得到充分发挥。思政课教师要充分认识到自身也是自我发展的主体,要积极主动进行自我素质的锻炼和提升,不断激发自我潜能,提高教学改革和创新的意识和能力。传媒方面也要积极担起应有责任,发挥自身作用,在新闻媒体和网络平台上建立思政课教师相关常态化宣传阵地,扩大思政课教师先进典型的影响力;同时,利用广阔多元的媒体空间,为思政课教师之间及其与社会各界之间深入的思想交流、交锋和交融搭建平台,使思政课教师更好发声、亮剑,传播正能量,从而也有助于提高他们的社会影响力。要创新思政课教师队伍建设的评价反馈机制,可以采取多元化主体评价与过程性反馈相结合的方式,邀请教育管理者、思政课教师、学生、教学名师、专家等共同参与思政课建设效果评价,促进评价主体多元化;采用现场研讨、询问访谈、过程回顾与分析等方式,推进思政课教师队伍建设过程效果的及时反馈,并根据反馈的信息调整与优化实施策略。

第三节　新时代思政课教师队伍建设的实践范例

一、以菜单式组合教学推进思政课教师队伍的优化和整合

以菜单式组合教学推进思政课教师队伍建设,旨在通过各学段校外名师、专家和校内师资依据自身特长提供菜单,主讲教师依据自身需要选择菜单,来实现各学段师资的优势互补和教学资源的优化整合,以推进思政课教师队伍建设。菜单式组合教学改变了由主讲教师单独承担完成教学任务的模式,实施以主讲教师和菜单提供教师的组合教学模式。思政课菜单式组合教学对思政课课堂教学、教研活动、备课、师资和培训等各方面的建设都会起到促进作用。以菜单式组合教学推进思政课教师队伍建设,能实现打破教师队伍的学段间、教研室(组)间、校内外师资间的隔阂,有助于更好整合各方力量,提升教学效果的统一,是顺应思政课改革的方向和趋势之举,在助推思政课教学范式创新,展现思政课教学特色方面,都具有巨大价值。

思政课菜单式组合教学是指在班级授课形式的课堂理论教学中,依据课程教学内容与教学目标的需要,由主讲教师按照自身教学需要合理地选择由各学段校外名师、专家和校内师资依据自身特长提供的菜单中的教学内容,并请菜单相关内容的提供者进行教学,变主讲教师单独承担完成课程教学任务为主讲教师和菜单提供教师的组合教学,以发挥各自所长,共同参与课堂教学,达到教学资源与要素的优化组合,实现取长补短、提高教学效果的目的。这一教学模式有助于各学段教师间的优势互补和教学资源的优化整合。改变了主讲教师单独承担完成教学任务的模式,实施以主讲教师和菜单提供教师共同参与的组合教学模式。同时,也有助于打破思政课校内外的师资壁垒,使大家不只关心自己的"一亩三分地",增进跨教研室、跨二级学院和跨校的协作和相互了解,能有效推进思政课师资队伍的优化与整合。菜单既可以由各地大中小学思政课一体化研究中心或其他教学组织和机构牵头,整合域内大中小学联盟校和其他学校师资力量共同提供,以供域内思政课教师选择;也可由学校或教研室(组)根据教师需求,就相关教学内容联系各学段的相应名师与专家,来提供菜单,并聘请菜单提供教师进课堂完成菜单相应内容的教学。主讲教师不仅主讲菜单外的课程教学内容,也是菜单需求的提出者,同时,也要依据连贯性和系统性原则,合理设计,做好教学整体安排,将交由菜单提供教师开展教学的内容有机融入课程整体框架中。思政课菜单式组合教学通过各学段教师间的优势互补,既促进了跨学段的交流与学习,也提升了教师应对课程内容调整的能力和备课效率,能实现课程教学质量的有效提升。

(一)以菜单式组合教学推进思政课教师队伍建设的主要做法

思政课菜单式组合教学以菜单为核心,对各学段、各教研室(组)、校内外各种教学资源与要素进行优化组合,充分发挥了不同学段和校内外思政课教师的师资优势和各教师的特长,进行优势互补,对思政课课堂教学、教研活动、备课、师资和培训等各方面资源的优化与整合都会起到促进作用,能为推进思政课教师队伍建设,提升思政课教学实效性提供新思路。

一是以菜单式组合教学为思政课教师课堂教学创新提供更大空间。由于受知识结构、经验积累、教学风格等限制,不同学段教师和同一学段的不同教师往往各自在课程某些章节和内容的教学上相对较好，而在其他方面又相对薄弱，通过选择菜单并将自身不擅长的教学内容交由其他在这方面有专长的教师来完成，既可以有效打破大中小学学段间的阻隔，也可以更好取长补短，保障整个教学过程的高质量，有助于大中小学各学段和同学段不同教师间优势互补，实现思政课程教学质量的有效提升。同时，针对中国特色社会主义实践的新发展和课程的新要求，能够发挥菜单式组合教学的优势，进行教学内容的灵活安排，及时增添中国特色社会主义实践最新的、最为鲜活的内容作为教学菜单，使教学内容更具时代性和时效性。

二是以菜单式组合教学为思政课教师提供更多学习交流机会。通过请其他校内外专家、名师进课堂，主讲教师和教研室（组）其他教师共同参与听课，既可以弥补自身相应课程内容在知识结构等方面存在的不足，变自己原本不擅长的课为“金课”，在使学生受益，提升教学质量的同时，也能更好开阔自身视野，从听课中完善自身知识结构，并有机会对照自己的不足进行学习，从而能更好地提升自己的教研水平。对于思政课教师来说，主讲教师就自身薄弱之处请菜单内容提供教师进课堂开展示范教学，为主讲教师的学习和提升提供了难得的机会。同时，针对大多数教师在某些教学内容上整体感觉较为薄弱的情况，可以和其他学段或同一学段校外名师和专家共同进行研讨，以集体攻克教学中整体相对薄弱的教学内容，再由主讲教师进行示范教学，分享经验。这样，既可以促进各学段间思政课教师的交流，也有助于解决实际教学难题，提升思政课教师的教研水平，实现思政课教师在充分的教研活动中得到共同发展。

三是以菜单式组合教学提升思政课教师的备课效率和质量。习近平总书记指出：“讲好思政课不容易，因为这个课要求高。”[1]思政课教学内容涉及面广，更新速度快。如果课程教材有更新，内容调整力度又较大，备课时间紧，主讲教师一人要完成各个方面内容的重新备课，往往具有较大难度和挑战。通过以菜单为核心的组合教学，充分利用各学段思政课教师间的知识互补和相互协作，主讲教师可以优先选择自己擅长的内容进行备课并分享，而其余内容可以通过请自己学段的其他教师，或其他学段的专家、名师进课堂来进行教学。如果遇到其他

[1] 习近平. 思政课是落实立德树人根本任务的关键课程[J]. 求是，2020(17).

教师未提供相应的菜单开展示范教学，或者存在普遍较难应对的教学内容时，则可以开展集体备课，包括跨学段的研讨，来完成该部分的备课。这样既实现了备课效率和质量的有效提升，也提高了对课程内容调整的应对能力。

四是以菜单式组合教学提升思政课教师的课堂教学效果。菜单式组合教学可以实现课程教学队伍的跨学段、跨教研室(组)和跨校整合，既有助于吸收更多相关人员来加强思政课教师队伍建设，促进大中小学思政课师资的跨学段整合，还有助于不同学段的思政课教师，展现不一样的风格，能让学生在思政课堂上多点不同的体验，而每个教师都在讲自己最擅长的内容，这样更有利于提高课堂的效果，也让学生更有上课的积极性。也正是不同学段教师间，不同视角、风格的碰撞与交流，使得在菜单式组合教学模式中，不同学段的思政课教师可以相互学习，相互促进，在以菜单为桥梁的对话中，不断审视自己原有的教学设计，从而达到不断改进和共同提升之目的。同时，通过菜单式组合教学，能使教师更好站在全局层面审视思政学科，也能使教师更好领略“教无定法”，学习不同学段教师的教学特色与教法。

五是为菜单式组合教学服务的思政课教师培训体系建构。从实际出发，以思政课一体化需求为导向，依据思政课教师普遍反映的共性要求，形成菜单，例如新开设的逻辑学(形式逻辑)课程的培训要求等，从多种渠道来建构起思政课教师相关内容培训的丰富菜单资源库。也可以从大中小学思政课的相近主题中凝练菜单，形成培训菜单库。这样可以使不同思政课教师根据自己的实际需要在培训中选择自己急需的菜单内容，可以更好盘活培训资源，使培训更具针对性和人性化，使思政课教师通过菜单库进行有目的的选择，实现需要什么选什么、缺什么补什么的一体化培训效应，从而为思政课教师的专业水平和能力提升提供有力支持。

(二)以菜单式组合教学推进思政课教师队伍建设的意义

首先，以菜单式组合教学推进思政课教师队伍建设，能实现打破师资力量的教研室内外、校内外和各学段间的隔阂，有助于教学效果的提升。要推进思政课教师队伍建设，可以通过增进思政课不同学段、不同教研室(组)、不同学校教师间的沟通和交流，提升他们的衔接意识，强化思政课教师的协同育人理念。思政课教师不能只关注本学段、本门课的教学内容的完成和目标的实现，还需要展现出层次性和渐进性，善于跨学段、跨教研室(组)，以及整合校内外师资，从整体上把握和设计思政课教学的理念和能力，努力打破师资间的壁垒，避免各行其是，积极参与交流与合作。实施思政课菜单式组合教学，通过不同学段、校内外师资依据自身特长提供菜单，主讲教师依据自身的不足选择菜单来补短，以此实现优势互补，有助于更好地应对传统教学模式面临的困境，能有效提升教学效果。通过思政课菜单式组合教学改革，以菜单为核心，通过教学资源与要素的优化组合和特色菜单内容的设立，充分发挥思政课教师和外聘专家等的各自专长，实现优势互补，在备课方面提升效率和质量，促进思政课教学效果的提升和特色的显现，强化教学交流与学习效果，有助于每次课都能成为高质量的课。从当前思政课教学的现状看，课程教学主要由主讲教师单独承担完成，而由于思政课涉及的教学内容很多，又经常会紧随时代和实践的发展需要调整教材内容，使得不少教师在面对该课程时，特别是新教材变动时会有不少备课压力。教师对于自己熟悉、擅长的教学内容上课质量就高，而不熟悉、不擅长的教学内容上课质量就相对差一些。导致有些教师压缩自己不擅长的教学内容，使教学质量和教学任务的落实大打折扣。

其次，以菜单式组合教学推进思政课教师队伍建设，能顺应思政课改革方向和趋势。从思政课改革的趋势看，通过师资队伍和资源要素的优化组合来实现教学效果和质量的提升这一问题已越来越受到关注，也是思政课教学一直倡导的改革方向。从《中宣部教育部关于进一步加强和改进高等学校思想政治理论课的意见》提出“要聘请理论研究单位和实际工作部门的专家学者和领导干部开设专题讲座”“有条件的高等学校要建立校际之间教授互聘、优势互补的教学协作机制”[1]，到教育部发布的《关于全面提高高等教育质量的若干意见》要求“建设优质教育资源共享体系”[2]，再到当前各地开展的各类优质师资资源共享、优势互补、互利共赢的教学实践与探索，都能体会到各界在这一问题上的持续努力。

[1] 中宣部　教育部关于进一步加强和改进高等学校思想政治理论课的意见[J]. 中华人民共和国教育部公报，2005(4).

[2] 教育部关于全面提高高等教育质量的若干意见[J]. 中国高等教育，2012(11).

再次，以菜单式组合教学推进思政课教师队伍建设，能助推思政课教学范式创新。以菜单式组合教学推进思政课一体化建设，在助推思政课教学范式创新方面也有所成就。主要有以下几个方面：一是在课程教学模式方面，改变由主讲教师单独承担完成的教学模式，实施以主讲教师和菜单提供教师以菜单为核心的组合教学模式。二是在备课内容方面，转向以菜单为核心的有侧重的备课，改变课程传统教学中由主讲教师单独承担完成所有该课程内容的备课形式，改变面面俱到，突出重点，发挥各教师的专长和跨学段的交流与合作，并针对大多数教师都认为存在薄弱的环节实行集体备课，开展示范教学，推进一体化教研。三是在教学内容方面，突出菜单式教学内容的作用，并将党的二十大精神等内容融入菜单中，落实到课堂教学之中。

最后，以菜单式组合教学推进思政课教师队伍建设，能展现思政课教学特色。可以通过设计来展现中国特色社会主义地方实践成果、地方红色文化和地方精神的菜单，请不同学段思政课名师和各校内外专家根据课程实际和教师各自知识储备情况进行备课并形成菜单库，以供思政课各学段教师选择并进课堂开展示范教学，让不同外聘专家和教师从各自理解出发，采用各自风格，多维度、全方位展现地方特色，在将中国特色社会主义实践中的地方性元素融入课堂教学的同时，使教师们在特色菜单的“桥梁”作用下实现思想碰撞和教学切磋。地方红色文化资源是独特的、鲜活的、宝贵的大中小学思政课教学资源。[1]以菜单为核心，建构起大中小学地方红色文化跨学段育人联动体，在推进思政课红色文化一体化建设的同时，推进师资队伍间的交流，展现思政课教学特色。

（三）以菜单式组合教学推进思政课教师队伍建设的具体实施策略

实施菜单式组合教学的关键环节包括：跨学段菜单提供团队的组建、菜单目录的构建、主讲教师选择菜单提供者参与教学、其他思政课教师参加听评课和研讨、菜单目录外的热点与难点内容的集体备课、主讲教师主讲以及学生的管理和考核等。这一教学模式将校内外、各学段的思政课教师紧密联系在一起，共同参

---

❶ 周军海．基于地方红色文化资源融合的大中小学思政课一体化建设——以浙江蚂蚁岛精神为例[J]．中学政治教学参考，2022(27)．

与教学过程,从而实现优质教学资源的共享和优化。其具体实施思路可以见图7-1。

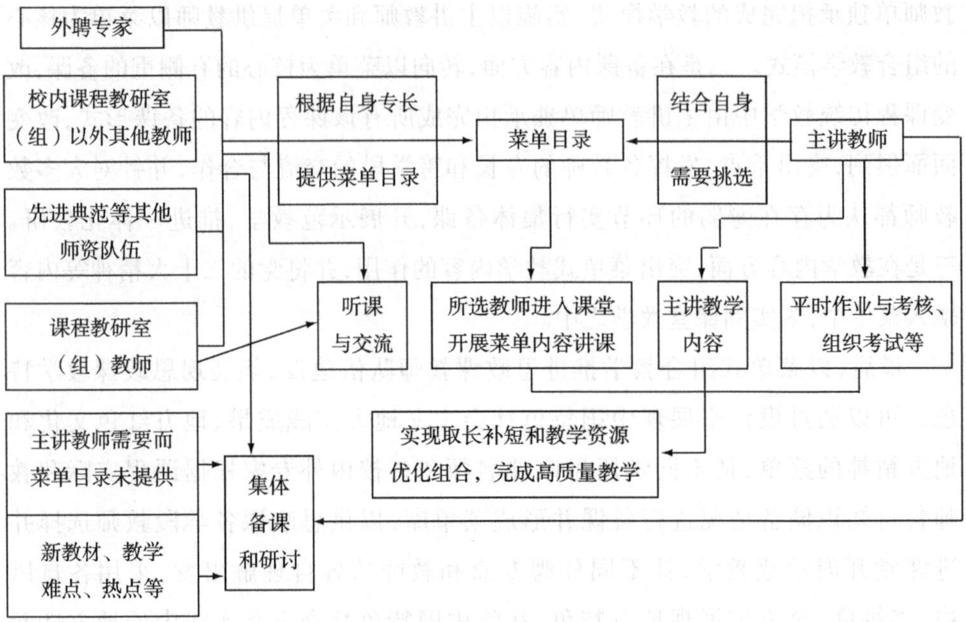

图7-1　菜单式组合教学具体实施思路图

一是师资团队的整合和教学菜单的形成。组织高水平的师资团队来提供高质量的教学菜单,是确保菜单式组合教学质量的先决条件。可以由各地大中小学思政课一体化研究中心等牵头,在充分调研和了解各学段教学需求的基础上,广泛邀请域内外的思政课名师、专家等,提供有特色、受欢迎的教学菜单,以精准对接各学段的思政课教学需求。也可以由高校二级学院、中小学校,或思政教研室(组),根据教师需求,主动联系相应的名师与专家,来提供教学菜单,供主讲教师挑选。由于跨学段校外专家聘请涉及经费等问题,各校可以统一筹划聘请。然后,主讲教师根据自身实际和课程教学需求,结合校外名师和专家所提供的课程菜单,邀请菜单提供人员进课堂开展教学活动。还可以邀请校外德育导师、杰出人物、企业家等为各学段思政课教师提供教学菜单,以充实师资力量,丰富课程内容,突出课程特色。例如,台州学院马克思主义学院统一聘请了17位校外专家，为各教研室提供了一份涵盖《思想道德修养与法律基础》《中国近现代史纲要》《形势与政策》《习近平新时代中国特色社会主义思想概论》等课程的教学菜单，为思政课教师提供了丰富、多元的教学菜单选择，助推了思政课教学效果的提升和特色展现。再如，台州学院马克思主义学院和台州市中级人民法院经过对接洽谈，把法律专家请进思政课堂，为课程教学提供了很有意义的教学菜单。同时，教研室（组）内的教师们由于从事相同或相近课程的教学与研究，不仅积累了丰富的教学经验，而且经过多年的磨合，相互熟悉，能根据自身学科背景提供一些有特色的且相对稳定的教学菜单。因此，教研室（组）内的教师也要积极上报教学菜单，供教研室（组）内其他教师选择。此外，校内其他有思政课相关知识积累的教师也要积极支持思政课教学，为思政课教师提供教学菜单。

二是菜单式组合教学思路下思政课主讲教师的课程设计方案和思政课一体化课堂教学具体实施方案。主讲教师不仅要主讲课程教学菜单以外的内容，而且要保证整个教学内容的系统性与连贯性，要极力避免所选择菜单内容与整体教学体系相脱离，导致教学内容碎片化问题。为保证教学内容的整体性、连贯性和系统性，“它要求教师必须从课题讲授顺序的若干可行方案中，自觉地选择出对该条件来说是最合理的方案”❶。主讲教师需要进行合理设计，了解自身哪个部分需要菜单提供者进课堂，考虑如何将菜单内容有机融入整体教学等问题。主讲教师依据自身特点，结合校内外教师或专家提供的菜单目录，选择符合自身需要的菜单内容，将其融入自身教学计划中，形成完整的教学计划并组织实施课堂教学。需要主讲教师自己负责的教学内容由主讲教师自己实施完成。跨校外请名师、专家的教学计划内容经与教研室（组）沟通安排，由跨学段外请名师、专家进课堂完成相应的课堂教学，主讲教师参与课堂观摩与学习，提升自己，并协助外请名师、专家完成课堂教学。主讲教师负责实施学生的平时考核与期末考核工作。涉及教研室（组）内其他教师的教学菜单计划安排，由教研室（组）内教师相互协作、协调完成。

三是思政课教师示范教学与学习、交流的实施安排。第一，根据菜单内容计划，邀请除教研室（组）外的校外思政课专家、名师和校内师资开设示范课，供教

❶ 班巴斯基．教学教育过程最优化[M]．北京：教育科学出版社，2001：11.

研室(组)和学校其他教师学习与观摩。例如,可以设置“发展全过程人民民主”这一菜单内容,由大中小学思政课一体化研究中心牵头,组织域内思政课名师和专家为大中小学共同完成备课,由各大中小学思政课主讲教师依据自身教学进度与计划安排,结合自身在该方面的教学实际需求,选择邀请该菜单提供者进入课堂,将其在大中小学社会主义民主政治相关章节开展示范教学,再如,高校开设的《习近平新时代中国特色社会主义思想概论》[1]课中,可以结合第八章“发展全过程人民民主”这一章节开展示范课,初中可以在我国基本政治制度等相关章节开展菜单内容教学。大中小学思政课其他教师可以参与示范课旁听和学习,针对大中小学不同学段学生的特点和各学段教学的目标,课后开展互动沟通,特别是相邻学段思政课教师间加强沟通,共同探讨在各学段的教学安排,以及这一教学内容在相邻学段间如何更好地体现衔接性等,既通过教学让各学段学生更加深刻地体验到我国民主制度的优越性,也可以促进跨学段的交流。第二,有些内容课程教学菜单上并未提供,而教研室(组)教师又普遍认为有难度,那么教研室(组)组织教师和跨学段名师、专家一起交流与研讨,寻找相关内容的教学策略,最后由主讲教师开设示范课,供教研室(组)和其他学校和学段作教学参考。

四是菜单式组合教学思路下的集体备课实施。在菜单式组合教学思路下,主讲教师并非需要完成所有章节内容的备课,而是可以突出自己有丰富知识和案例积累,并且擅长的教学内容,并选出优秀备课成果作为菜单供其他教师选择。主讲教师可以将自己不擅长的教学内容交由菜单提供者来完成,同时参与该内容相关示范课的旁听,并积极与擅长这部分内容教学的教师进行交流沟通,以此来取长补短,提升自己。如遇自己不擅长且菜单内未提供的教学内容,则由教研室(组)和校外名师、专家共同讨论备课,共同破解困难。遇到教材更新,按照教研室(组)教师提供的菜单内容,分工、高效完成新教材备课,努力解决因教材随时代与实践快速发展而不断更新,备课一时难以跟上的问题。

总体来说,通过菜单式组合教学来推进思政课教师队伍建设,涉及众多方面,包括外请名师和专家的经费、教研室(组)教师上课时间协调、教学理念变革和教师队伍整合等。需要各地大中小学一体化研究中心等相关教学组织和机

---

[1]《习近平新时代中国特色社会主义思想概论》编写组. 习近平新时代中国特色社会主义思想概论[M]. 北京:高等教育出版社,人民出版社,2023.

构、学校、教务部门、教研室(组)紧密协作,在操作细节方面通过不断探索和完善,以使实施更加高效。

二、依托校地共建、共管、共赢的思政课相关平台,推进思政课教师队伍建设

地方党委和政府要高度重视思政课和思政课教师队伍建设。在中共中央办公厅、国务院办公厅印发的《关于深化新时代学校思想政治理论课改革创新的若干意见》中明确要求:"要严格落实地方党委思政课建设主体责任。"[1]此外,在《关于深化新时代学校思想政治理论课改革创新的若干意见》中还提到了要为思政课教师"这支队伍成长发展搭建平台、创造条件"[2]。校地合作,共建与思政相关的具有地方优势和特色的教研场所或服务平台,这有助于充分发挥思政课教师作用,使他们更好围绕地方党委、政府的中心工作,做好服务地方经济社会发展和精神文化建设工作,有助于推动思政课教师走出象牙塔,切实参与中国特色社会主义现代化建设的火热实践中,并作出自己的贡献。对于思政课教师来说,这无疑能够开阔眼界,了解身边正在开展的中国特色社会主义实践及其成果,有助于理论与实际的紧密结合,并从实践中汲取最为鲜活的教学素材,对于课堂教学也十分有帮助。同时,还有助于地方和学校调集资源,集聚地方优秀党政干部、社科工作专家,以及各行各业的先进代表等共同参与平台建设,通过强化平台合作来促进育人。思政课教师在参与平台建设中,通过与校外的专家、道德模范,以及一线社会主义现代化建设者的研讨、座谈与交流,使自己的思想意识、理论水平、教育教学能力等得到提升。

例如,台州市委宣传部和台州学院合作成立了台州市大陈岛垦荒精神研究中心,该中心在2018年6月成立,受台州市委宣传部和台州学院党委的双重领导,成为校地共建的思政课平台。垦荒精神与社会主义主流价值观的内在要求高度契合,是弘扬正能量、推进学生社会主义核心价值观培育的鲜活载体。思政

---

[1]《中华人民共和国学校思想政治理论课重要文献选编》编写组. 中华人民共和国学校思想政治理论课重要文献选编[M]. 北京:人民出版社,2022:1535.

[2]《中华人民共和国学校思想政治理论课重要文献选编》编写组. 中华人民共和国学校思想政治理论课重要文献选编[M]. 北京:人民出版社,2022:1530.

课教师积极参与该中心建设，把垦荒精神融入课堂教学，能有效唤起学生内在的向善之心，引领和激励他们自觉认同社会主义主流价值观。垦荒队员动机单纯、德行醇厚的无私奉献精神，在平凡岁月里爱岗敬业、忠于职守的精神，以及为共同理想坚韧不拔、不懈奋斗的精神，能让学生更好地认识到何为真正的真、善、美，并能激励他们积极效仿。在中心建设中，地方和学校调集资源，集聚地方垦荒精神的理论研究者、老垦荒队员等和思政课教师一道组成一个育人共同体，共同培育学生思想道德素质，推进学生的全面发展。聘请老垦荒队员作为德育导师，邀请他们到学校做讲座，来分享自己的亲身经历，传递正能量，可以有效引导学生进行正确的价值选择和崇高的价值追求，激励他们自觉践行社会主义核心价值观。通过老垦荒队员与学生之间近距离的互相交流与思想碰撞，引导学生通过体悟垦荒队员身上所展现的人格魅力，促使他们自发形成对我国社会主流价值观的认同与践行。通过在学生中广泛开展优秀垦荒作品的征集与评选以及发起“争做新时代垦荒青年”等活动，为青少年创造各种参与机会，调动他们的积极性，让他们在参与中感受垦荒队员的诚挚与付出，体悟何为崇高，使他们在参与中受到启迪，牢记使命，自觉成为社会主义主流价值观的传播者和践行者。通过中心建设，积极构建思政课的相关实践教育基地，可以实现垦荒精神对学生思想政治教育的助推，同时也有助于思政课教师自身的思想道德素质和精神境界的提升。将垦荒精神的学习教育与思政课建设有机融合起来，组织师生走进老垦荒队员曾经为之奋斗、挥洒汗水之地，参与基层建设的社会实践中，能让他们的思想认识在实践中得以提升。参观垦荒纪念碑、感受垦荒誓词以及跟随当地居民参与乡村振兴建设等活动，能使师生切身体验到当年老垦荒队员所走过的垦荒之路，深刻感受到社会主义核心价值观的力量。通过这些可观可感的垦荒教育实践，可以让师生的思想认识水平和精神境界得到提升。

再如，台州市委宣传部、台州市教育局和台州学院共同推进，于2022年4月成立了台州市大中小学思政课一体化研究中心，并成立了团队，成为校地共建思政课的又一个平台。该中心成立后，开展了广泛调研，了解思政课教师队伍发展瓶颈及现实需要，及时回应思政课教师的需求。如对在调研中发现的高二思政课教师普遍反映新教材《逻辑与思维》课程需要加强学习和培训，使自身相关专业的知识体系能更好满足现有教学需要等问题，及时请台州学院马克思主义学院在这方面有深厚知识积累的教授开展线下辅导。在2022年12月，该中心和台州学院、渤海大学共同承办了“统筹推进大中小学思政课一体化建设”全国学术研讨会，30名全国知名专家作大会主旨报告，2.5万人在线上参会。这为思政课教师的交流与研讨、学习与成长提供了平台，同时也为其他地方提供了台州市在大中小学思政课教师一体化建设上的实践经验。这次研讨会精选大中小思政课教师开展课堂教学展示活动，加上名师和专家的现场点评，在促进大中小学思政课教师间的交流和沟通，打破各学段隔阂的同时，为思政课教师上好思政课提供示范和启发。除此之外，该中心挂靠台州学院马克思主义学院，思政课教师通过广泛参与中心建设，包括为中小学教师提供培训、与中小学教师开展研讨与交流，参与中心组织的学术会议与研讨等，在发挥自身优势和作用的同时，又有助于自身理论素养与教学水平的提升。还通过建立区域内联盟和区域外联盟，实现台州区域内外的互动，交流建设经验。其他还包括日常的听评课活动等，都有助于思政课教师间相互学习与共同提升。

可见，依托这些校地共建、共管、共赢的思政课相关平台，能有效发挥各地区位优势和资源优势的推动作用，在思政课教师队伍建设中也能彰显特色，因地制宜，使其能让思政课教师有更多的学习、交流和研讨的机会，使他们在参与平台建设中，思想政治素质和教学、研究能力得到提升的同时，也能通过这些平台，协同各方力量建设一支专兼结合、优势互补的思政课教师队伍，提升思政课教师服务地方精神文化建设的能力，使思政课教师紧密联系地方精神文化建设实际开展课堂教学，以及在课堂教学中融入地域精神文化元素，使课堂更具特色，有助于推进思政课教师成长和课堂教学效果的提升，有助于对地方实践的宝贵经验进行提炼和升华，并为其他地方的实践提供借鉴。

三、以教学研究项目带动思政课教师队伍建设

从思政课教师队伍建设历史历程来看，正如前所述，各类与思政课相关的基金、人才项目在思政课教师队伍建设中的带动作用也越来越明显，在促进思政课教师的成长过程中起到了巨大带动作用。当前，对于思政课教师的考核评价，也十分重视教学实践和教学研究。在中共中央办公厅、国务院办公厅印发的《关于

深化新时代学校思想政治理论课改革创新的若干意见》和教育部党组印发的《"新时代高校思想政治理论课创优行动"工作方案》等众多文件中都提到,在思政课教师评价中要提高教学和教学研究的占比。正如本书导论中所述,国家社会科学基金高校思想政治理论课研究专项资助的研究成果,从2019年开始呈现明显加速增长趋势,该类项目在引导思政课教师积极反思教学实践活动,创新教学的方式方法,推进教学模式的改革,对教学中普遍关注的理论热点和学生接受规律等开展了广泛的研究,无疑有助于思政课教学效果的提升和思政课教师队伍的建设。

例如,从2019年以来,台州学院马克思主义学院已连续三年获批国家社会科学基金高校思想政治理论课研究专项,分别围绕"十八大以来学校思政课教师队伍建设理论与实践研究""新时代高校课程思政的学理建构与实践路径研究"和"统筹推进大中小学思想政治教育一体化地方创新实践研究"开展思政课教学研究。这些项目都涉及当前思政课建设中各方关心的前沿话题,几个课题组之间和课题组内部也经常交流,时常聘请校外专家参与指导,成员在交流与研讨中提升了对思政课教学的认识,促进教学反思和教学研究能力的提升。再如,从2019年开始,随着信息技术的发展,"互联网+教育"已是热门话题,在线开放课程建设在各地也大规模兴起。为跟上信息技术的发展步伐,加强在线开放课程建设迫在眉睫。思政课作为各高校都开设的公共必修课,面向学生多,受益和共享面广,需求广泛,在每年访问量等方面具有巨大优势。在台州学院教务处和马克思主义学院的大力支持下,思政课包括《毛泽东思想和中国特色社会主义理论体系概论》等多门课程获"教育部产学合作协同育人项目"的立项,各教研室教师围绕项目要求,积极参与该类课程项目的建设中,并逐渐了解和掌握了这类课程教学特点和优势,提升了开展线上线下混合教学的能力。教研室教师在共同参与课程建设的过程中,也提升了教学技术和能力,其中包括拍摄微课程、建设课程在线练习题库和课程试题库、开展在线答疑和线下互动交流等。在微课程的拍摄过程中,录制前教师需要讨论和思考微课程主题及设计,并制作课件,录制时需注意仪表仪态,录制后还要善于运用超星学习通App等平台开展教学,使思政课教师在参与中掌握了更多教学技术,提升了教学能力。

参考文献

经典文献类

[1]习近平.习近平谈治国理政(第一卷)[M].北京:外文出版社,2014.

[2]习近平.习近平谈治国理政(第二卷)[M].北京:外文出版社,2017.

[3]习近平.习近平谈治国理政(第三卷)[M].北京:外文出版社,2020.

[4]习近平.习近平谈治国理政(第四卷)[M].北京:外文出版社,2022.

[5]中共中央党史和文献研究院.习近平关于人才工作论述摘编[M].北京:中央文献出版社,2024.

[6]习近平.论教育[M].北京:中央文献出版社,2024.

[7]中共中央宣传部,中央电视广播总台.平“语”近人:习近平总书记用典[M].北京:人民出版社,2019.

[8]马克思恩格斯全集(第23卷)[M].北京:人民出版社,2016.

[9]马克思恩格斯选集(第1-4卷)[M].北京:人民出版社,2012.

[10]马克思恩格斯文集(第1卷)[M].北京:人民出版社,2009.

[11]马克思.1844年经济学哲学手稿[M].三版.北京:人民出版社,2000.

[12]列宁全集(第55卷)[M].北京:人民出版社,1990.

[13]列宁选集(第4卷)[M].北京:人民出版社,2012.

[14]人民教育出版社教育室.马克思恩格斯列宁论教育[M].北京:人民出版社,1993.

[15]中共中央马恩列斯著作编译局马列部等.马克思主义经典著作选读[M].北京:人民出版社,2006.

[16]毛泽东选集(第1-4卷)[M].北京:人民出版社,1991.

[17]毛泽东文集(第7卷)[M].北京:人民出版社,1999.

[18]邓小平文选(第1-3卷)[M].北京:人民出版社,1993—1994.
[19]江泽民文选(第1-3卷)[M].北京:人民出版社,2006.
[20]中共中央宣传部.毛泽东邓小平江泽民论思想政治工作[M].北京:学习出版社,2000.
[21]爱因斯坦.爱因斯坦文集(第三卷)[M].许良英,赵中立,张宣三,编译.北京:商务印书馆,2019.
[22]保尔·拉法格,等.回忆马克思恩格斯[M].马集,译.北京:人民出版社,1973.
[23]中共中央政策研究室.江泽民论社会主义精神文明建设[M].北京:中央文献出版社,1999.
[24]姚春鹏.中国传统经典文献导读[M].济南:山东人民出版社,2012.
[25]胡娟,李国立,胡莉芳.中国传统教育思想历代文选[M].北京:中国人民大学出版社, 2012.
[26]《中华人民共和国学校思想政治理论课重要文献选编》编写组.中华人民共和国学校思想政治理论课重要文献选编[M].北京:人民出版社,2022.

著作类

[1]张枫.中国优秀传统文化与高校思想政治教育工作融合研究[M].太原:山西经济出版社,2022.
[2]蔡汀,王义高,祖晶.苏霍姆林斯基选集(第2卷)[M].北京:教育科学出版社,2001.
[3][美]比尔·克林顿:希望与历史之间[M].金灿荣,等译.海口:海南出版社,1997.
[4]彭聃龄.普通心理学(修订版)[M].北京:北京师范大学出版社,2004.
[5]项久雨.中国新贡献[M].北京:人民出版社,2018.
[6]郭凤志.高校思想政治理论课程建设研究[M].北京:北京师范大学出版社,2019.
[7]《思想政治教育学原理》编写组.思想政治教育学原理[M].北京:高等教育出版社,2016.

[8]李培湘. 人的本质·素质·素质教育[M]. 成都:四川人民出版社,2001.
[9]杨昕. 中国共产党意识形态话语权研究[M]. 北京:社会科学文献出版社,2015.
[10]陈锡喜. 马克思主义:意识形态和话语体系[M]. 上海:华东师范大学出版社,2011.
[11]叶忠海. 新编人才学通论[M]. 北京:党建读书出版社,2013.
[12]陈锡喜. 意识形态:当代中国的理论和实践[M]. 北京:中国人民出版社,2018.
[13]孙健,孙翔,雒季. 从观念到践行:社会主义核心价值观如何深入大众[M]. 兰州:甘肃人民美术出版社,2014.
[14]孙其昂. 思想政治教育现代转型研究[M]. 北京:学习出版社,2015.
[15]刘晓伟. 情感教育[M]. 上海:华东师范大学出版社,2007.
[16]辞海编辑委员会. 辞海[M]. 上海:上海辞书出版社,1999.
[17]张冀. 高校微信公众平台思想政治教育功能研究[M]. 成都:西南交通大学出版社,2021.
[18]郑永廷. 人的现代化理论与实践[M]. 北京:人民出版社,2006.
[19]邵培仁. 传播学[M]. 北京:高等教育出版社,2000.
[20]刘友女. 结构视域下中国主导意识形态研究[M]. 上海:复旦大学出版社,2015.
[21]张德. 组织行为学[M]. 北京:清华大学出版社,2005.
[22]杨婷. 榜样教育研究[M]. 北京:中国社会科学出版社,2015.
[23]周海燕. 高校思想政治理论课教师角色研究[M]. 北京:人民出版社,2017.
[24]龚海泉,万美容,梅萍. 当代公民道德教育[M]. 北京:中央文献出版社,2000.
[25]黄济. 教育哲学通论[M]. 太原:山西教育出版社,1998.
[26]易丹. 我在美国信息高速公路上[M]. 北京:兵器工业出版社,1997.
[27]王俏华. 榜样教育概论[M]. 北京:北京大学出版社,2014.
[28]徐秦法. 高校思想政治理论课实践教程[M]. 北京:中共中央党校出版社,2021.
[29]曲建武. 我与思政课教师的交流[M]. 大连:大连海事大学出版社,2020.

[30]汤正华.大学生榜样教育研究与实践[M].苏州:苏州大学出版社,2016.
[31]吕耀怀,等.数字化生存的道德空间——信息伦理学的理论与实践[M].北京:中国人民大学出版社,2018.
[32]邱仁富.思想政治教育话语论[M].上海:上海交通大学出版社,2013.
[33]侯惠勤.马克思主义的意识形态批判与当代中国[M].北京:中国社会科学出版社,2010.
[34]王迎新.大众文化的意识形态功能研究[M].天津:南开大学出版社,2014.
[35]聂小雄.思政课教师专业发展研究[M].北京:光明日报出版社,2024.
[36]刘英杰,刘振宇.伦理学导论[M].哈尔滨:哈尔滨工程大学出版社,2013.
[37]韩玮.高校思政课教师知识视野、国际视野和历史视野培育研究[M].北京:中国社会科学出版社,2024.
[38]张骏生.人才学[M].北京:中国劳动社会保障出版社,2006.
[39]李颖.基于哲学阐释学视角的思想政治教育接受研究[M].杭州:浙江大学出版社,2013.
[40]维克托·迈尔-舍恩伯格、肯尼思·库克耶:大数据时代[M].盛杨燕,周涛,译.杭州:浙江人民出版社,2013.
[41]朱丽霞.课程思政视域中的思想政治理论课"三合一"实践教学模式研究[M].武汉:武汉大学出版社,2021.
[42]车铭洲.现代西方思潮概论[M].北京:高等教育出版社,2001.
[43]何理.思想政治理论课话语体系生成和发展研究[M].北京:人民出版社,2015.
[44]徐颂陶,余兴安.人才鉴要:中国人才思想原典[M].北京:中国人事出版社,2011.
[45]史蒂夫·洛尔.大数据主义[M].胡小锐,朱胜超,译.北京:中信出版社,2015.
[46]邱伟光,张耀灿.思想政治教育学原理[M].北京:高等教育出版社,1999.
[47]鲁迅全集(第6-8卷)[M].北京:人民文学出版社,1981.
[48]叶南客.中国人的现代化[M].南京:南京出版社,1998.
[49]《习近平新时代中国特色社会主义思想概论》编写组.习近平新时代中国特色社会主义思想概论[M].北京:高等教育出版社,人民出版社,2023.

[50]顾钰民,马克思主义理论学科建设和思想政治理论课教学研究[M]. 北京:中国人民大学出版社,2016.
[51]郑珠仙. 国家意识形态安全与大学生社会主义核心价值观教育研究[M]. 北京:人民出版社,2014.
[52]沈壮海. 思政课的道理[M]. 北京:中国社会科学出版社,2024.
[53]艾四林. 新时代如何办好思想政治理论课[M]. 北京:人民出版社,2019.
[54]刘国龙,陈龙. 大数据与大学生思想政治教育融合发展研究[M]. 苏州:苏州大学出版社,2021.
[55]刘济良. 青少年价值观教育研究[M]. 广州:广东教育出版社,2003.
[56]许苏民. 文化哲学[M]. 上海:上海人民出版社,1990.
[57]阴国恩,等. 非智力因素及其培养[M]. 杭州:浙江人民出版社,1996.
[58]骆郁延. 精神动力论[M]. 武汉:武汉大学出版社,2003.
[59]刘锋. 生活科技化时代化与大学生思想政治教育创新[M]. 成都:西南交通大学出版社,2018.
[60]宋敏,刘德林. 地方高校思想政治教育专业品牌塑造研究[M]. 南京:南京大学出版社,2018.
[61]周利生,向巧玲. 高校思想政治教育理论课教师队伍教学能力建设研究[M]. 南昌:江西高校出版社,2019.
[62]王守仁,施林淼. 江苏高校教师教学发展的探索与实践[M]. 南京:南京大学出版社,2018.
[63]刘放桐,等. 新编现代西方哲学[M]. 北京:人民出版社,2000.
[64]王岳川. 后现代主义文化研究[M]. 北京:北京大学出版社,1992.
[65]万俊人. 现代西方伦理学史(上下卷)[M]. 北京:社会科学文献出版社,2023.
[66]顾海良. 高校思想政治理论课程建设研究[M]. 北京:中国人民大学出版社,2016.
[67]倪瑞华. 思想政治教育认同基本理论研究[M]. 北京:中国民主法制出版社,2021.

[68]张志伟.西方哲学史[M].二版.北京:中国人民大学出版社,2010.
[69]刘祖云.从传统到现代——当代中国社会转型研究[M].武汉:湖北人民出版社,2000.
[70]赵正文.社会主义核心价值观融入大学生思想政治教育的创新机制研究[M].北京:清华大学出版社,2018.
[71]朱法贞.教师伦理学[M].杭州:浙江大学出版社,2001.
[72]林正范.大学心理学[M].杭州:浙江大学出版社,2010.
[73]吴贤军.中国国际话语权构建——理论、现状和路径[M].上海:复旦大学出版社,2017.
[74]李小红,杨柳.新时期高校思想政治教育与管理创新[M].北京:新华出版社,2015.
[75]汤泽林.观念的变革——从传统人意识到现代人意识[M].北京:职工教育出版社,1989.
[76]杨国荣.现代化过程中的人文向度[M].上海:上海古籍出版社,2006.
[77]朱小蔓.情感德育论[M].北京:人民教育出版社,2005.
[78]戴钢书.高校思想政治理论课实践教学论[M].北京:中国人民大学出版社,2015.
[79]万资姿.当代大学生社会主义核心价值观认同与培育研究[M].北京:人民出版社,2018.
[80]王志强,申小蓉.思想政治教育理论、方法与创新[M].北京:中国文史出版社,2015.
[81]陈美兰.中学政治学科教学论新编[M].北京:北京大学出版社,2019.
[82]孟繁华.坚持把教师队伍建设作为基础工作[M].北京:中国人民大学出版社,2021.
[83]黄信.人本教育理念与民族地区高校思想政治教育创新[M].成都:四川大学出版社,2013.

[84]黄冬福.高校突发事件思想政治教育疏导研究[M].厦门:厦门大学出版社,2014.
[85]季海菊.新媒体时代高校思想政治教育的解构与重塑[M].南京:东南大学出版社,2014.
[86]张澍军.德育哲学引论[M].北京:人民出版社,2002.
[87]陶磊.思想政治教育公共性研究[M].南京:东南大学出版社,2017.
[88]檀传宝,等.大众传媒的价值影响与青少年德育[M].福州:福建教育出版社,2005.
[89]俞可平,王卫平.全球化的悖论——全球化与当代社会主义、资本主义[M].北京:中央编译出版社,1998.
[90]张蕾蕾.网络时代的智慧思政课[M].上海:上海社会科学院出版社,2021.
[91]骆郁廷.思想政治教育引论[M].北京:中国人民大学出版社,2018.
[92]周晓虹.传统与变迁——江浙农民的社会心理及其近代以来的嬗变[M].北京:生活·读书·新知三联书店,1998.
[93]汪铮.大学生思想政治教育研究[M].成都:西南交通大学出版社,2017.
[94]顾红亮,聂大富.革命精神世界[M].上海:上海人民出版社,2021.
[95]内尔·诺丁斯.学会关怀——教育的另一种模式[M].于天龙,译.北京:教育科学出版社,2003.
[96]谢尔·以色列.微博力[M].任文科,译.北京:中国人民大学出版社,2010.
[97]韩振峰.新时代思想政治理论课改革创新研究[M].北京:中央编译出版社,2021.
[98]阿历克斯·英格尔斯,等.人的现代化[M].殷陆君,译.成都:四川人民出版社,1985.
[99]王易.传统文化与思想政治教育创新[M].北京:中国人民大学出版社,2018.
[100]理查德·F.库索尔.法兰西道路——法国如何拥抱和拒绝美国的价值观与实力[M].言予馨,付春光,译.北京:商务印书馆,2013.

[101]埃弗里特·M. 罗吉斯,拉伯尔·J. 伯德格. 乡村社会变迁[M]. 王晓毅,王地宁,译. 杭州:浙江人民出版社, 1988.
[102]亚当·斯密. 道德情感论[M]. 谢祖钧,译. 郑州:河南文艺出版社,2014.
[103]丹尼尔·J. 布尔斯廷:美国人:建国的经历[M]. 谢延光,等译. 上海:上海译文出版社,1989.
[104]伯兰特·罗素. 中国问题[M]. 秦悦,译. 上海:学林出版社,1996.
[105]B. A. 苏霍姆林斯基. 给教师的建议[M]. 二版(修订版). 杜殿坤,译. 北京:教育科学出版社,1984.
[106]刘小春. 高校网络思想政治教育引论[M]. 重庆:重庆大学出版社,2021.
[107]埃米尔·涂尔干. 社会分工论[M]. 渠东,译. 北京:生活·读书·新知三联书店,2000.
[108]梁爱文. 多维视域下的高校思想政治教育探究[M]. 北京:新华出版社,2014.
[109]陈兰,魏立娟,刘安. 大中小学思政课一体化建设研究[M]. 成都:四川大学出版社,2024.
[110]刘少杰. 现代西方社会学理论[M]. 北京:中国人民大学出版社,2021.
[111]冯建军. 差异与共生——多元文化下学生生活方式与价值观教育[M]. 成都:四川教育出版社,2010.
[112]罗伯特·博伊斯. 给大学新教员的建议[M]. 徐弢,李思凡,译. 北京:北京大学出版社,2007.
[113]谢海光. 互联网与思想政治工作概论[M]. 上海:复旦大学出版社,2000.
[114]吕达,周满生. 当代外国教育改革著名文献(英国卷)[M]. 北京:人民教育出版社,2004.
[115]陈晓云. 高校思想政治理论课教师的角色冲突——场域理论视域下的高校思政课教师发展研究[M]. 上海:上海三联书店,2019.
[116]班巴斯基. 教学教育过程最优化[M]. 吴文侃,等译. 北京:教育科学出版社,2001.

期刊类

[1]习近平.在深圳经济特区建立40周年庆祝大会上的讲话[J].中华人民共和国国务院公报,2020(30).

[2]顾慧.融媒体背景下高校思政课教师队伍建设与课程改革创新研究[J].科研管理,2022(4).

[3]廖金香.高校思想政治理论课教师能力提升的四个维度[J].江苏高教,2019(9).

[4]王新."五维一体"让思政课教师队伍"活起来"[J].人民教育,2022(11).

[5]张汉壮.立德树人玉汝于成[J].中国大学教学,2019(1).

[6]王焰新.加强思政课教师队伍建设 打好提高思政课质量和水平攻坚战[J].中国大学教学,2019(4).

[7]张小飞.新时代思想政治理论课教师素质提升的内在逻辑[J].马克思主义与现实,2019(4).

[8]吴潜涛,张磊.新时代思想政治理论课教师的核心素养及其培育[J].教学与研究,2019(7).

[9]李嘉莉,马学思.高校思政课教师的网络舆论"把关人"角色刍议[J].思想理论教育导刊,2019(2).

[10]黄建雄.论课程思政背景下的高校教师队伍建设[J].中学政治教学参考,2022(8).

[11]骆郁廷.改革开放40年来高校思想政治理论课教师队伍建设的历史发展[J].思想理论教育导刊,2018(6).

[12]吴玉程,李平.以"科学治理"为着力点优化高校思政课教师队伍建设[J].中国高等教育,2019(23).

[13]林楠,吴佩婷.伦理叙事激发情感共鸣的机理探究[J].道德与文明,2019(1).

[14]苏玉波.思想政治理论课教学中两支队伍协同的内涵、机理与方法探究[J].学术论坛,2018(4).

[15]徐健.数字赋能:高校思政课教师集体备课创新路径[J].思想理论教育导刊,2024(12).
[16]中共中央办公厅　国务院办公厅印发《关于深化新时代学校思想政治理论课改革创新的若干意见》[J].中华人民共和国国务院公报,2019(24).
[17]赵子林.构建大中小学思政课教师一体化联动机制[J].思想政治课教学,2025(3).
[18]教育部.普通高等学校思想政治理论课教师队伍培养规划(2019—2023年)的通知[J].中华人民共和国教育部公报,2019(4).
[19]吴潜涛,赵政鑫:党的十八大以来思政课教学质量建设成就述评[J].思想政治工作研究,2022(7).
[20]中办国办印发《关于进一步加强和改进新形势下高校宣传思想工作的意见》[J].中国高等教育,2015(Z1).
[21]傅守祥.全球化挑战下的中国文化现代化[J].内蒙古社会科学(汉文版),2004(2).
[22]米华全,徐岩.青年思政课教师队伍建设的现实困境与应对策略[J].学校党建与思想教育,2022(12).
[23]中央宣传部　教育部关于印发《普通高校思想政治理论课建设体系创新计划》的通知[J].中华人民共和国教育部公报,2015(9).
[24]武星亮.备课·讲课·思课——关于思政课教师教学及其功力修炼的一些感悟[J].思想理论教育导刊,2024(10).
[25]邓春芝.新中国70年高校思政课教师队伍建设的沿革和启示[J].黑龙江高教研究,2020(3).
[26]王雪,刘世华.高校思政课教师增强历史思维的进路探究[J].学校党建与思想教育.2022(17).
[27]赵康太.试论美国思想政治教育的社会化、具象化和实践化路径[J].思想理论教育导刊,2007(4).

[28]雷虎强. 高校思想政治理论课教师队伍建设的基本路径[J]. 思想理论教育导刊,2019(8).
[29]董兆伟. 建设新时代思政课教师队伍[J]. 红旗文稿,2022(3).
[30]万美容,李玲. 新时代高校思政课教师的理论修养及其提升[J]. 思想理论教育导刊,2023(9).
[31]鲁洁. 人对人的理解:道德教育的基础——道德教育当代转型的思考[J]. 教育研究,2000(7).
[32]黄蓉生,谢忱. 新时代加强高校思想政治理论课教师队伍建设的根本遵循[J]. 思想教育研究,2021(2).
[33]中共教育部党组关于印发《"新时代高校思想政治理论课创优行动"工作方案》的通知[J]. 中华人民共和国教育部公报,2019(9).
[34]新时代高等学校思想政治理论课教师队伍建设规定[J]. 中华人民共和国国务院公报,2020(13).
[35]锐生. 论人的全面发展:历史与现实[J]. 马克思主义研究,2001(6).
[36]李蕉,王博伟. 完善思想政治理论课教师队伍后备人才培养制度的新思考[J]. 思想理论教育导刊,2021(11).
[37]廖小平. 论道德榜样——对现代社会道德榜样的检视[J]. 道德与文明,2007(2).
[38]李静. 大中小学思政课教师一体化意识与能力养成探赜[J]. 教育科学研究,2023(9).
[39]冯秀军,邹玉. 以教育家精神引领思政课教师高素质专业化发展[J]. 中国高等教育,2024(22).
[40]王岩. 关于加强高校思想政治理论课青年教师培养的思考[J]. 思想理论教育,2020(10).
[41]石书臣. 深刻把握"大思政课"的本质要义[J]. 马克思主义理论学科研究,2022(7).
[42]胡荣荣. 两个大局赋予战略机遇期新内涵[J]. 前线,2022(9).

[43]李芳,戴汶奇.新时代高校思政课教师队伍全面深化改革研究[J].贵州师范大学学报(社会科学版),2024(5).
[44]韩丽丽.大学生急需补上"诚信"课[J].思想政治工作研究,2004(2).
[45]徐俊,许燕.试论高校思想政治理论课话语体系的建设[J].思想政治教育研究,2017(3).
[46]张涛华.新时代高校思政课教师队伍建设略论[J].学校党建与思想教育,2021(11).
[47]曾玉梅.大中小学思政课教师队伍一体化建设研究[J].中学政治教学参考,2022(1).
[48]张明进.新时代高校思政课教师队伍建设的逻辑指向[J].学校党建与思想教育,2021(24).
[49]刘翠.文化现代化转型的基本原则[J].学术交流,2003(6).
[50]李景山,梁亚萌.思想政治理论课教师胜任素质的五个维度[J].思想政治教育研究,2018(5).
[51]徐川,沈东.新时代高校思政课教师的"大思政课"话语能力建设[J].南京航空航天大学学报(社会科学版),2022(4).
[52]刘倡萍.思政课教师引领课程思政建设的优势与途径[J].学校党建与思想教育,2021(17).
[53]薛晓斌,韩佳琦.2020年春疫情期间思政课教师线上教学创新研究——基于天津市联盟高校62位思政课教师的访谈[J].高校马克思主义理论研究,2020(3).
[54]朱香敏.实现马克思主义中国化时代化新的飞跃的科学理论[J].党建,2022(12).
[55]胡长栓."马克思主义行"的历史和理论基础[J].马克思主义与现实,2022(6).
[56]陈培永.中国式现代化的拓展与马克思主义现代化理论的创新发展[J].求索,2022(5).

[57]解超.本硕博一体化马克思主义理论人才培养的若干思考[J].思想政治课研究,2022(2).

[58]陈世阳,王殿玺,吴国斌."六位一体"的"大思政课"建设模式探索——以北京体育大学为例[J].思想教育研究,2022(10).

[59]张雷声.改革开放以来思想政治理论课教师队伍建设论析[J].思想理论教育,2018(10).

[60]张兴海,王娜:学校党委要担负起上好思想政治理论课的主体责任[J].中国高等教育,2018(18).

[61]张江英.党建引领教师政治素养提升[J].思想政治课教学,2021(10).

[62]苏红,彭迪云.高校思政课教师职业认同感生发机理探析[J].黑龙江高教研究,2023(6).

[63]李净,戴钢书.思想政治理论课教师职业能力的四重维度[J].黑龙江高教研究,2021(11).

[64]张铭芳,杨南昌,付博.过程哲学视域下高校思想政治理论课深度教学的发生机制及实现路径[J].黑龙江高教研究,2023(6).

[65]董静.大中小学思政课教师队伍一体化建设的对策研究[J].中国高等教育,2021(22).

[66]教育部关于全面提高高等教育质量的若干意见[J].中国高等教育,2012(11).

[67]吴潜涛,沈茹毅.推动思想政治理论课高质量发展的着力点[J].马克思主义理论学科研究,2022(10).

[68]李志军,邓鹏.从文化冲突对青年学生信仰的影响看信仰教育[J].毛泽东邓小平理论研究,2010(9).

[69]巩永丹.问道·明道·信道·传道:高校青年思政课教师成长之我见[J].高校马克思主义理论教育研究,2023(1).

[70]周军海.基于地方红色文化资源融合的大中小学思政课一体化建设——以浙江蚂蚁岛精神为例[J].中学政治教学参考,2022(27).

[71]汪悦，梁红．思政课教师主体性生成的心理机制及模型——基于H大学S教学团队的扎根理论探索[J]．中国人民大学教育学刊，2023(1).

[72]罗石．转型期理想、信念、信仰弱化现象分析[J]．理论探索，2004(1).

[73]单培勇．马克思主义人学中的人的素质思想探析[J]．河南师范大学学报(哲学社会科学版)，2010(3).

[74]许瑞芳．党的十八大以来学校思想政治理论课建设的经验呈示[J]．思想理论教育，2022(9).

[75]熊华军，魏星星．新时代研究生思政课教师话语创新的三维向度[J]．学位与研究生教育，2023(1).

[76]康沛竹，艾四林．建设高素质思政课教师队伍[J]．中国高校社会科学，2019(3).

[77]樊丽明．创建新时代教师发展新模式[J]．中国高等教育，2022(23).

[78]李芳，戴汶奇．新时代十年高校思政课教师队伍建设政策文本的研究分析[J]．思想理论教育导刊，2022(12).

[79]谢宜泽，曹金龙．新时代高校思政课教师队伍高质量发展——脉络、逻辑与路径[J]．高校马克思主义理论教育研究，2022(6).

[80]何玉海．新时代思政课教师培养体制改革创新的思考[J]．东北师大学报(哲学社会科学版)，2022(6).

[81]徐川，沈东．新时代高校思政课教师的“大思政课”话语能力建设[J]．南京航空航天大学学报(社会科学版)，2022(4).

报纸类

[1]习近平．从小积极培育和践行社会主义核心价值观[N]．人民日报，2014-05-31.

[2]习近平．在网络安全和信息化工作座谈会上的讲话[N]．人民日报，2016-04-26.

[3]张天华，李莲．推进红色资源与大中小学思政课有机融合[N]．中国社会科学报，2022-11-11.

[4]张烁. 用新时代中国特色社会主义思想铸魂育人 贯彻党的教育方针落实立德树人根本任务[N]. 人民日报,2019-03-19.
[5]张烁. 坚持中国特色社会主义教育发展道路　培养德智体美劳全面发展的社会主义建设者和接班人[N]. 人民日报,2018-09-11.
[6]谭培文. 中国实践与中国话语权[N]. 光明日报,2015-01-15.
[7]查建国,陈炼. 切实发挥思政课立德树人作用[N]. 中国社会科学报,2023-03-01.
[8]柴葳,于珍. 锻造新时代铸魂育人的关键力量——全国各地各校思政课教师队伍建设综述[N]. 中国教育报,2020-03-16.
[9]田丽,等. 大思政课,总书记心中的一件大事[N]. 人民日报,2022-05-22.
[10]刘影,管仲军. 健康医疗大数据共享时代 切勿将公众变成"透明人"[N]. 光明日报,2020-12-06.
[11]杜尚泽. "大思政课"我们要善用之[N]. 人民日报(海外版),2022-03-07.
[12]张烁. 把思想政治工作贯穿教育教学全过程 开创我国高等教育事业发展新局面[N]. 人民日报,2016-12-09.
[13]拓俊杰. 建设高素质专业化教师队伍[N]. 人民日报,2022-09-08.
[14]宣言. 紧紧抓住大有可为的历史机遇期[N]. 光明日报,2018-01-15.
[15]光明日报评论员. 把思政课建设摆上重要议程[N]. 光明日报,2019-03-22.
[16]王永力,崔永江. 传统文化融入思政课一体化的路径[N]. 中国社会科学报,2022-11-11.
[17]盛跃明. 打好思政课一体化的社会组合拳[N]. 中国社会科学报,2022-11-11.
[18]张洋. 举旗帜聚民心育新人兴文化展形象[N]. 人民日报海外版,2018-08-23.
[19]继承和弘扬大陈岛垦荒精神 热爱祖国好好学习砥砺品格[N]. 人民日报,2016-06-01.
[20]陈华. 知行合一,构建大思政育人体系[N]. 河北日报,2023-06-08.
[21]袁国贤. 新时代思政课教师的根本遵循、文化底蕴与思维引领[N]. 中国文化报,2024-06-14.

[22]中共中央国务院印发《关于加大改革创新力度加快农业现代化建设的若干意见》[N]. 人民日报,2015-02-02.
[23]罗浩榕. 传承弘扬垦荒精神讲好大陈岛故事[N]. 台州日报,2017-06-01.
[24]张效廉. 珍视龙江“最美”现象 凝聚强大精神动力[N]. 人民日报,2012-12-24.
[25]郑国强. 弘扬“最美精神”推进“最美”建设[N]. 浙江日报,2016-08-30.
[26]杨玉新. 高校要善用“大思政课”铸魂育人[N]. 中国教育报,2023-03-28.
[27]熊嘉鑫. 思政课教师讲好道理的三重逻辑[N]. 中国文化报, 2023-03-17.
[28]靳晓燕,唐芊尔. 思政课教师:“经师”和“人师”的统一者怎样炼成[N]. 光明日报,2022-08-02.
[29]曹东勃. 新时代思政课教师成长完善的基本遵循[N]. 中国青年报,2019-03-25.
[30]吴丹,丁雅诵,闫伊乔. 不负重托办好学校思想政治理论课[N]. 人民日报,2024-03-18.
[31]刘立凯. 增强高校思政理论课教学效果——东北片区高校思政理论课教师座谈会召开[N]. 中国教育报,2011-03-21.
[32]中华人民共和国民法典[N]. 人民日报,2020-06-02.
[33]中办国办印发《关于新时代进一步加强科学技术普及工作的意见》[N]. 人民日报,2022-09-05.
[34]把保障人民健康放在优先发展的战略位置着力构建优质均衡的基本公共教育服务体系[N]. 人民日报,2021-03-07.
[35]王智超,韩喜平. 切实加强思想政治理论课教师队伍建设[N]. 光明日报,2019-05-07.
[36]李健,苏雁. 携手上好“大思政课”[N]. 光明日报,2024-03-08.
[37]李健,苏雁. 从小学到大学,不间断的思政课——江苏无锡大中小学思政课一体化的实践探索[N]. 光明日报,2023-07-16.
[38]郑忠梅. 思政课教师该怎样“铸魂育人”[N]. 重庆日报,2019-04-11.
[39]王珉. “老人无健康码乘地铁受阻”引众人支招[N]. 北京青年报,2020-08-20.

网上电子公告

[1]央广网.十年来我国生态文明建设和生态环境保护取得历史性成就[EB/OL].(2022-09-16)[2022-12-20].https://baijiahao.baidu.com/s?id=1744086406713517141&wfr=spider&for=pc.

[2]教育部社会科学司.学校思想政治理论课教师座谈会精神贯彻落实总体情况介绍[EB/OL].(2022-03-17)[2022-12-20].www.moe.gov.cn/fbh/live/2022/54301/sfcl/202203/t20220317_608134.html.

[3]新华社.我国高校思政课教师总数超过12.7万人[EB/OL].(2021-12-07)[2022-12-20].https://www.gov.cn/xinwen/2021-12/07/content_5659156.htm.

[4]教育部办公厅印发通知实施高校思想政治理论课教师队伍建设专项工作[EB/OL].(2018-04-25)[2022-12-20].https://www. moe. gov. cn/jyb_xwfb/gzdt_gzdt/s5987/201804/t20180425_334161.html.

后　记

本书是我承担的2020年度国家社科基金高校思想政治理论课研究专项“十八大以来学校思政课教师队伍建设理论与实践研究”（批准号：20VSZ074）的最终成果。项目的顺利完成和本书的最终出版，离不开老师、团队成员、同事，以及家人等的支持，在此深表感谢！

我从本科到硕士再到博士，一直从事思想政治教育方面的学习与研究，毕业之后从事高校思政课教学与研究工作至今。其间开展的思政课菜单式组合教学改革、主持的教育部产学合作协同育人项目“《毛泽东思想和中国特色社会主义理论体系概论》在线课程开发”，以及到江苏、湖北、江西、陕西、湖南、四川、浙江等各地高校开展思政课建设方面的交流与研讨，都为本书的完成积累了丰富的素材。特别是通过菜单式组合教学改革，形成以“菜单”为核心，通过校内外师资队伍依据自身特长提供“菜单”，主讲教师依据自身需要选择“菜单”，来探索实现校内外思政课教师队伍的优势互补和教学资源的优化整合，取得了一定的实践成效。

本书的最终完成，也十分感谢台州市大中小学思政课一体化建设研究中心的团队成员。研究中心首席专家、台州学院马克思主义学院院长张天华教授和团队成员经常一起开展大中小学思政课教师队伍建设的座谈，多次开展问卷调查，也十分关心和支持本人的项目开展，为本书的撰写提供了许多一手资料和数据。周军虎博士和其他成员也为本书的完成提供了很多帮助，提出了许多宝贵建议，给予了无私协助，大大推进了项目的完成和本书的写作。渤海大学马克思主义学院的硕士研究生王梦楠和佟瑶在参考文献校对、资料收集等方面也作出了不少努力。项目的顺利完成和专著的最终出版，离不开大家的关心与支持。

对于项目的顺利完成和本书的最终出版，还要十分感谢我南京师范大学马克思主义理论博士后流动站的指导老师王小锡教授，他在项目的申报和完成方面都给予了不少的指导。我的博士生导师李俊奎教授和硕士生导师刘利才教授，在我读书期间培养了我对思想政治教育方面的浓厚兴趣，在毕业参加工作之后，依然在我有疑惑和困难的时候及时给予解惑和鼓励，对项目的完成和本书的写作提供了长期的指导和无私的帮助。同时，也离不开我所在单位台州学院的支持，特别是人文社科处的同志和马克思主义学院的一些同事，他们对写作十分支持，在我完成专著写作的过程中，台州学院马克思主义学院的一些同事帮我承担部分工作任务，使我有更多精力集中到本书的写作和修改中来。

在我致力于完成专著这段时间，我的家人为我分担了许多家庭责任，让我有更多精力投入到写作中。他们的支持、理解和鼓励，使我充满信心和力量，也使我倍感温暖。

最后，在写作过程中，各位学界同仁的许多观点和宝贵意见对我的研究有很大启发。对于参考和引用的观点，我尽力标注，在此深表谢意！《新时代思政课教师队伍建设的理论与实践研究》这一专著虽已经完成写作，项目也已顺利结题，但由于水平和能力有限，不足和偏漏在所难免，恳请读者批评指正。

陈昌兴

2025年1月10日于浙江省台州市